行为投资原则

THE LAWS OF WEALTH
Psychology and The Secret to Investing Success

[美] 丹尼尔·克罗斯比（Daniel Crosby）著

张昊 译

图书在版编目（CIP）数据

行为投资原则 /（美）丹尼尔·克罗斯比（Daniel Crosby）著；张昊译 . —北京：机械工业出版社，2020.8（2024.11 重印）

书名原文：The Laws of Wealth：Psychology and the Secret to Investing Success

ISBN 978-7-111-66178-8

I. 行… II. ①丹… ②张… III. 投资经济学 IV. F830.59

中国版本图书馆 CIP 数据核字（2020）第 141765 号

北京市版权局著作权合同登记　图字：01-2020-2437 号

Daniel Crosby. The Laws of Wealth：Psychology and the Secret to Investing Success.

Copyright © 2016 by Daniel Crosby.

Simplified Chinese Translation Copyright © 2020 by China Machine Press. This edition is authorized for sale in the Chinese mainland (excluding Hong Kong SAR, Macao SAR and Taiwan).

No part of this book may be reproduced or transmitted in any form or by any means, electronic or mechanical, including photocopying, recording or any information storage and retrieval system, without permission, in writing, from the publisher.

All rights reserved.

本书中文简体字版由 Harriman House Ltd 授权机械工业出版社在中国大陆地区（不包括香港、澳门特别行政区及台湾地区）独家出版发行。未经出版者书面许可，不得以任何方式抄袭、复制或节录本书中的任何部分。

行为投资原则

出版发行：机械工业出版社（北京市西城区百万庄大街 22 号　邮政编码：100037）

责任编辑：黄姗姗

责任校对：殷　虹

印　　刷：北京虎彩文化传播有限公司

版　　次：2024 年 11 月第 1 版第 3 次印刷

开　　本：147mm × 210mm　1/32

印　　张：8.25

书　　号：ISBN 978-7-111-66178-8

定　　价：69.00 元

客服电话：(010) 88361066　88379833　68326294

版权所有·侵权必究
封底无防伪标均为盗版

译者序

阅读一本精彩的书，总是会让读者情不自禁地产生代入感，把书中的故事与自己的经历做比较。作为本书的第一位中文版读者（译者是翻译版的第一位读者），我有幸在书中的几乎每一章节找到了自己的影子。是的，只要把美国股市替换为A股，把道琼斯指数替换为沪深指数，你就会惊奇地发现，这一切似乎并不遥远。

由于恐惧和贪婪，我们常常会在错误的时机购买或者卖出股票。我们被教导要使投资多样化，却往往孤注一掷。我们熟记巴菲特的名言，却还是不断落入"一赢二平七输"的魔咒……

为什么"我们懂得了很多道理，却依然过不好这一生"？诚如克罗斯比博士在书中所言：我们花费了太多时间用以平息头脑和情绪之间的斗争。而最终我们会发现，作为凡人，我们终将需要学会与我们的情绪和平相处。为此，我们需要的不是长篇大论的说教，而是一点技巧、一些框架结构、一个自动的流程，用以克服我们身而为人的骄傲和弱点。

克罗斯比博士花费了第一部分的大量篇章告诉我们，为什么控制自己的行为是投资中最重要的事情,并提出了10条原则作为投资的军规。在第二部分,克罗斯比博士阐述了基于原则的投资方法(RBI)的方方面面。这一部分需要读者仔细阅读,甚至是反复阅读,因为原则的许多方面不是非黑即白,而是充满辩证思维和前置条件的。

在我最后校订本书文稿之时,正值新冠肺炎疫情在全球蔓延。当我重读第一部分中关于"治疗几内亚蠕虫"的故事时,不禁浑身战栗。美国的传染病学先驱早在20世纪80年代就验证了改变行为是对付疫情的最有效的方法:发现几内亚蠕虫的感染者;感染者需要远离水源,避免传染他人。听听看,这是多么熟悉的字句?又一次地,全球各地最终不约而同地采用这种看似简单的方法来拯救人类自己。改变行为——发现并隔离病患,保持社交距离,与高深的病理学、免疫学相比,这一简单的原则看起来毫无吸引力,但又一次的性命攸关。我提醒读者在阅读本书时,时刻回想这一点,然后回头仔细体会克罗斯比博士的每一句妙语良言。

请冷静阅读完本书,总结自己的原则,在瞬息万变的市场上继续保持自律。我希望读者能在收获财富的同时,不忘自我反省,始终保持平静稳定的情绪。而平静稳定的情绪,或许才是行为投资能够带给我们的更大的好处。

致　谢

正如俗话说的那样,"养育一个孩子需要集全村之力",写作本书也是如此。本书之所以能够诞生,也有赖于以下这些人给予我的无私帮助:

Alison Crosby——谢谢她给予我生命和对写作的爱好
Philip Crosby——一位无与伦比的职业顾问
Nana——谢谢她的炖南瓜、红薯和芜菁
Karl Farnsworth——谢谢做我的作品的头号粉丝
Hege Farnsworth——养育了一个优秀得难以置信的女儿
Ali McCarthy——"低价买入",给了我一份职业
Chuck Widger——给予我指导、耐心和路线规划
Craig Pearce——给了我一次机会
Jim Lake——谢谢给我的鼓励、力量和目标
Stephanie Giaramita——幽默、风趣和嘻哈音乐
Brinker Capital——给予我一个与之共同工作的大家庭
Steve Wruble——梦想、计谋和策略回测
Edmond Walters——给予我指导、机会和坦率的意见

Tim McCabe——鼓励和南方人的热情好客

Meredith Jones——不知疲倦的指导以及容忍我的怪癖

Brian Portnoy——感谢他从不容忍傻瓜

Maddie Quinlan——是的！他帮助我校对

John Nolan——智慧、幽默和百吉饼

Peter Kalianiotis——谢谢他告诉我，我的收费太低了

Jordan Hutchison——谢谢他信任 The Dynasty

Corey Hofstein——解释了这个世界是如何运作的

Noreen Beaman——感谢她的领导

Leslie Hadad 和 Rachel Barrow——感谢他们在早期对我的支持

谢谢所有曾经听过我的演讲、买过我的书、给予过我任何形式鼓励的人——你们的支持是我生命中最大的荣耀。

推荐序

丹尼尔·克罗斯比博士是近年来行为投资学领域最著名的学者之一，还被《投资新闻》评为投资管理行业"40位40岁以下思想家"之一。之后，克罗斯比博士又因出版了本书而再一次声名鹊起。在书中，克罗斯比博士以清晰、娴熟而又机智的方式解释了行为投资学的关键原则，以及如何将这些原则应用于投资管理的过程。对于每一位投资者或投资顾问，无论是新手还是老手，本书都绝对值得一读。

精彩而引人入胜的书总能生动地描绘出人们复杂的内心生活。作为读者，我们被推入那些由恐惧和贪婪、矛盾和讽刺、光荣和耻辱、疾病和爱情等无法逃避的命运组成的生活戏剧之中。那些拉开帷幕、揭示我们真实内心生活的作家值得我们赞美。而一位像克罗斯比博士这样能有效地将生活的戏剧引入投资管理过程的作者，更值得我们交口称赞，因为他把那些日常生活中干巴巴的抽象内容变得如此生动活泼、引人入胜、充满意义而又与每个人息息相关。

克罗斯比博士拥有可与达·芬奇、纳西姆·塔勒布、丹尼尔·卡尼曼和本·卡尔森这些睿智的学者相媲美的智慧，他引导我们通过一些简单的原则来解决复杂的问题。而神奇的是，解决那些复杂环境下的问题的最佳方式恰恰是那些看起来非常简单的方法。这一真理在本书一开始就通过治疗几内亚蠕虫病的故事清楚地表达出来。虽然这一疾病在非洲大陆无法被根除，但我们可以通过一种简单的办法遏制它的蔓延，那就是避免与感染者共用水源。这个简单的解决方案之所以奏效，是因为人们管理了自己的行为。读者们，你们明白吗？

在吸引了读者的注意力之后，克罗斯比博士转向了另一个悖论，这个悖论是所有个人或者机构投资者在走向成功的道路上必须要解决的。为了生存并拥有足够的购买力来维持我们的生活方式，我们必须投资于风险资产。然而，我们每个人，无论多么见多识广，在投资高风险资产方面仍心存畏惧。通常来说，尽管有些决定对我们"至关重要"，但由于"恐惧和贪婪"，我们做出购买或出售股权资产决定的时机往往是错误的，因此这是一个相当复杂的问题。

克罗斯比博士解决这个复杂问题的方法非常简明扼要，他称它为基于原则的投资（Rules Based Investing，RBI）。RBI是一个由两部分组成的投资模型——知识以及应用或执行这种知识的框架流程。本书的第一部分介绍了十条基本的财富原则，投资者必须将其内化并作为自己投资管理流程中的基本要素，这些永恒的原则是通过我们这个时代和历史上伟大投资者的言行总结归纳出来的。原则1就是：投资前最重要的事情：控制你的行为。研究表明，因为无法控制自己的行为，个人投资者经常在错误的时间买入或卖出，因而打乱了投资计划。

原则2：不要拒绝顾问。先锋公司的《为你的资产增值》、晨星公司的《阿尔法、贝塔，以及现在……伽马》等报告是划时代的顾问和行为教练。遵循它们指明的路径投资，每年可以获得2%～3%的额外回报。在解释剩余8条原则的过程中，作者继续展示了他在理财方面的专长。这些原则工具能够帮助我们克服117种行为偏差，不让这些行为偏差影响我们的生活，尤其是在投资方面。

然而，仅仅知道这些原则是不够的。能够说出一条原则或一项原理是很容易的事情，在追求回报的道路上，我们必须能够不断灵活地应用这些原则。通常来说，由于人们对损失的感受更为敏锐，所以1美元的损失给人们带来的痛苦感受要两倍于1美元的盈利所带来的快乐感受。所以，我们如何才能把握好趋势，避开因在市场底部卖出而承受损失带来的痛苦呢？答案是，要使多样化成为投资过程中的一个基本要素。仅仅了解这句话本身还不够，我们必须知道如何通过合理的多样化来管理整个投资过程。伟大的哲学家波兰尼告诉我们，只有当你成功地实现了多样化的投资管理之后，你才能获得个性化的风险管理知识。

在本书的第二部分中，克罗斯比博士提供了一个框架流程，用以指导我们通过积累知识来磨炼能力，学会管理行为偏差，来成功地投资于高风险资产。作为一位值得尊敬的社会学家，克罗斯比博士通过他杰出的研究技巧和原则，以及对投资心理的理解，制定了主动管理流程。如果人们能严格执行，它可以发挥奇效，使投资者免受灾难性损失。

这一积极的管理过程，或者说，基于原则的投资，使投资者的注意力集中在基本要素上，那就是投资的多样化、低周转率和低费率。同时，这一过程还包括其他要素，作者将其定性为一致性、清晰性、勇气和信念。他坚信这 4 个要素可以管理我们所有行为偏差的共同心理基础——自我、情绪、信息、注意力和保守的思想。不可否认的是，在作者对这些行为的解释中，我们每个人都会看到自己的影子。

所有这一切构成了这个精彩而引人入胜、深刻而旁征博引，集行为投资学和投资管理理念于一体的伟大篇章。它不仅勾勒出了获得诱人投资回报的道路，也展示了一幅我们自身的行为图景，由此让我们能更加深刻地认识自己。

我总能从丹尼尔·克罗斯比博士那里学到一些重要的东西。我相信其他投资者和投资顾问也会认同这一点。享受这次非凡的阅读旅程吧！

查克·威格

前　言　阅读本书，然后学会不再担心

亲爱的读者，我写作本书的主要目的是希望你更加富有。财富是来之不易的，它需要你有耐心，承认自己的缺点，并认同一些原则。这些原则可能很简单，却是管理你自身行为和财富的最佳方法。作为人类大家庭一员的你，不可避免地存在不耐烦、傲慢和对复杂性的迷恋，所以你很可能会搞砸投资这件事。尽管如此，本书还是可以帮助你。为了帮助你离开那些困住你的陷阱，我们将做以下两方面的努力。

- 第一部分——阐述在财富增值的过程中，投资者进行自我管理时所必须遵循的原则。我从数百年的市场历史中归纳总结了十条原则，它们都根植于这样一条真理：在任何时候，你都可以控制最重要的事情（即你的行为）。
- 第二部分——提出了一种基于原则的行为投资方法（本书的剩余部分，将采用 RBI 来指代这种方法）。第二部分可以被概念化为从一般到特殊、从风险管理到产生回报的一个漏斗。此部分首先展示了一个由于行为偏差而导致风险的世界，然后提出可以使用 RBI 来防御这些风险，最后讨论了我在 RBI 方法中主要考虑的几项因素，并提供了一些具体实例。

在整本书中，为了帮助你在具体实践时能够抓住重点，在每一章的末尾，我都放入了"现在该做些什么"的提示。这些提示将提醒你应该想什么、问什么、做什么以及如何将学到的经验和教训付诸实践，最终提高你的投资水平。

我认为，投资世界的原则与生活中其他领域的原则大不相同。我们能否在市场上取得成功取决于我们是否遵守这些原则，而这又取决于我们对自己的了解程度。我希望读者在阅读本书后，既能改善自身的经济状况，也能加深自我认知。

目 录

译者序
致谢
推荐序
前言

导　言　蠕虫与财富 / 1

**第一部分
行为的自我管理原则** / 11

猴子与燕尾服的悖论 / 12

原则 1　投资前最重要的事情：控制你的行为 / 24

原则 2　不要拒绝顾问 / 29

价值存在于你不抱期待的地方 / 34

原则 3　麻烦就是机会 / 37

原则 4　避开情绪的影响 / 42
　　受影响之下 / 44
　　故事时间 / 46

原则 5　你只是个普通人 / 49
　　减轻负面影响 / 52

原则 6　专注于自己的需求 / 55
　　镜子，镜子 / 55
　　一个人的聚会 / 56
　　记录得分 / 58
　　人类的疯狂 / 62

原则 7　不要轻易相信预测 / 65
　　不够优秀的精灵 / 65
　　自信的无能为力 / 68
　　反常的激励 / 70
　　学会独立分析 / 71

原则 8　一切都会过去 / 74
　　从来没有比这更真的话 / 74
　　上《体育画报》会带来厄运吗 / 75
　　没有永恒的黄金 / 78

原则 9　多样化要有所取舍 / 82
　　不要轻视微小的收益 / 84
　　关注资产间的联系 / 88

原则 10　风险有规律可循 / 90
　　风险的定义 / 92

风险的另一种定义 / 93
认真管理风险 / 95

行为的自我管理原则的应用 / 100

第二部分
行为投资的资产管理 / 103

资金管理状况 / 109

被动管理：安全操作方式的危险 / 109
主动投资未能兑现的承诺 / 116

管理行为风险 / 121

1. 自我风险 / 126
2. 信息风险 / 127
3. 情绪风险 / 128
4. 注意力风险 / 129
5. 保守主义风险 / 130

用一个简单的过程解决问题 / 131

基于原则的行为投资的 4C / 133

1. 一致性 / 133
2. 清晰性 / 142
3. 勇气 / 151
4. 信念 / 160

漏斗 / 166

5P 选股法 / 168

你犯傻了吗 / 171

P1：永远不要出价过高 / 172
P2：品质至上 / 182
P3：考虑风险 / 194
  1. 监测 C-Score 模型 / 202
  2. 奥尔特曼的 Z-Score 模型 / 203
P4：跟随领袖 / 206
  1. 内部交易 / 212
  2. 股票回购 / 214
  3. 股息 / 216
P5：顺势而为 / 219
关于 5P 选股法的总结 / 226

尾声　疯狂世界里的行为投资学 / 229

注释 / 236

导　言

蠕虫与财富

> 心理学似乎是所有致力于获取更高投资回报努力背后的隐秘力量。
> ——本·斯坦和菲尔·德穆思，《另类投资手册》

关于几内亚蠕虫……

美国南部是一个值得夸耀，但有时也麻烦多多的地区。它以独特的饮食文化、容易辨识的口音、热情的人民和温暖的气候而为人所熟知。我就出生在这个奇怪又美妙的地方，我是一个土生土长的亚拉巴马人，现在住在犹如南部首府的亚特兰大。

亚特兰大有很多特殊的地方：这里出过两位诺贝尔和平奖得主——马丁·路德·金和吉米·卡特。这座城市曾经两次被彻底夷为平地，同时又是1996年夏季奥运会的举办地。但也许最令人印象深刻的是，亚特兰大是世界流行病学研究中心，这要归功于疾病控制与预防中心（Centers for Disease Control and Prevention，CDC）以及卡特中心（Carter Center）。

CDC 拥有 14 000 名来自 50 个国家的员工，是美国国内外抗击传染病的主要机构之一。卡特中心是美国前总统吉米·卡特建立的慈善组织，其宗旨是"致力和平，对抗疾病，构筑希望"。

虽然这两个组织一直勤奋工作，但它们的工作成果往往只会在一些影响较大的健康事件上才能引起公众的关注，比如艾滋病病毒/艾滋病的流行、非典、禽流感以及最近的埃博拉病毒。当然也有一些引人注目的"头条"新闻（如"请注意：疯牛病"），这些头条新闻吸引了大部分公众视线，但组织中最具影响力的项目大多没有被宣传出来。其中之一就是唐纳德·霍普金斯（Donald Hopkins）博士领导的根除几内亚蠕虫病的运动。

为理解霍普金斯博士和他在卡特中心的团队所做的这项工作的重要性，我们必须先介绍一些可能引起人们某种不适的事情，即理解几内亚蠕虫可能给人类身体带来的伤害。几内亚蠕虫是影响人类的体形最大的组织寄生虫，可以长到约 90 厘米。它的繁殖能力很强，成年雌性通常携带着 300 万枚卵。令人难以置信！世界卫生组织指出，"寄生虫会在宿主的皮下组织间移动，引起剧烈疼痛，特别是当它出现在关节上时。这种寄生虫最终会在表皮形成突起或伸出体外（在大多数情况下是从脚上），导致出现剧烈疼痛的水肿、水泡和溃疡，并伴有发烧、恶心和呕吐"。

更糟糕的是，患者为了缓解疼痛所采取的行动会加速这种寄生虫的传播。患者通常会将他们的患肢浸入水中来缓解疼痛。而几内亚蠕虫适合在水中生存，并且那里也是其繁殖的首选地。正如你现在已经猜到的，寄生虫在水中繁殖，然后被传播给口渴的村民，这些村民最终会被感染，然后回到水源重新启动循环。

但寄生虫带来的社会后遗症远比患者身体上的痛苦大得多。一本名为 Influencer: The Power to Change Anything 的书对此进行了描述:

> 患者将长时间不能从事耕种。当父母患病时,他们的孩子可能不得不辍学来帮忙做家务。当庄稼没有收成时,饥饿开始蔓延。接下来文盲和贫穷在下一代人身上继续,通常蠕虫引起的二次感染也会导致死亡。因此,长期以来,几内亚蠕虫一直是数十个国家经济和社会进步的主要障碍。[1]

现在读者应该非常清楚了,当霍普金斯博士和他的团队在1986年向几内亚蠕虫宣战时,他们面对的是怎样一个强大的敌人。但他们的作战计划并不像大多数人所想象的那样,他们没有把精力集中在研究治疗疾病的药物上,而是试图改变传播疾病的人类行为。在此过程中,他们实现了许多人认为不可能的事情——他们根除了这种几乎无法治愈的疾病。

他们取得这一不可思议的成功的方式是做了一些非常简单的事情,他们考察了未受感染的村庄,发现了几个重要的行为准则,然后将这些发现广为宣传。具体而言(如果你发现自己身处一个发展中国家),重要的行为准则如下:

(1)当一个健康村庄的村民发现他的朋友、家人或邻居被感染时,他们更愿意主动讨论。
(2)受感染的人在疼痛最严重的时候要远离公共水源(这时蠕虫会从皮肤上伸出)。

霍普金斯博士和他的团队总结了这些重要的行动，并将其推广到人群中，由此改善了数百万人的健康状况。在这项巨大的工程下隐藏了一个简单的解决方案，而这个方案本身并不神奇也没有任何新颖的地方。只是霍普金斯博士深刻地理解了行为的力量，持之以恒地宣传推广并进行实践。

……关于巨大的投资回报

思考你的财富和热带寄生虫之间的关系看起来似乎风马牛不相及（或太恶心），但事实上，我们可以从消灭几内亚蠕虫的问题中学到很多东西。首先，我们必须承认，我们作为投资者也对一种疾病感到不安，而这种疾病是没有办法且永远无法治愈的，那就是我们自身的恐惧和贪婪。我希望当你读完本书时，你会和我一样确信，心理因素是获得满意的投资回报的最大障碍，但也是你相对于其他不那么自律的投资者最大的潜在优势来源。

其次，你必须接受这样一个事实：消除疾病的唯一方法就是严格遵守一系列重要的原则。正如故事里村民的行为，这里列出的行为很简单直观，但执行起来很痛苦。当你被寄生虫感染后不应该接近水源——这说起来很简单，但当你的身体因疼痛而似乎被烈火灼烧时，这是否容易执行呢？当然不是。

同样，在阅读本书并冷静地进行计算时，你会很容易认同本书的观点。但你能在激烈的市场竞争条件下自律地执行这些想法，才是最有价值的。一个明知不该把脚伸到水里却依然这样做的村民，并不比无知的村民好多少。因此，跟村民们一样，只有当我们为了实现更美好的明天，学会忍受今天的痛苦时，我们才能成为真正老练的投资者。

超越偏见

对病态的着迷似乎是人类的天性。西格蒙德·弗洛伊德就是这样开始了他对人类心灵的研究，去试图揭示人的心灵是如何被伤害的。精神分析学科在这条道路上徘徊了一个多世纪。150年之后，临床心理学的研究才被我们现在所说的积极心理学所改变，而积极心理学研究什么使我们快乐、坚强和与众不同。

所以行为投资学也是从研究反常现象开始的，这一点并不奇怪。直到现在，我们才开始寻找一个更注重解决办法的方式。虽然彻底回顾从追求效率到研究行为学的转变并不是我们的主旨，但理解这些想法的基本原理以及我们要如何改进它们还是有价值的。

数十年来，流行的经济理论主张经济意义上的人（所谓"经济人"）是理性的、追求效用最大化、利己的。根据这些简单（或者说不现实）的假设，经济学家建立了简洁的数学模型，只是它们在现实世界的适用性很有限。根据这些模型，大众相信有前瞻能力的经济人作为房间里最聪明的人，总是能够在蒸汽压路机前捡起硬币——直到它们被碾为齑粉。

对冲基金显示的强大破坏性力量、多次疯狂的市场崩盘和人类日益显示出来的非理性，让"经济人"的概念开始让位于"非理性人"。行为投资学的支持者们开始记录投资者的错误行为，就像他们之前为了证明大众的智慧而记录投资者的正确行为。据我上次统计，心理学家和经济学家记录了117种可能导致做出错误投资决定的行为偏差——117种能让你犯错的方式。

这些象牙塔中的哲学的问题在于,它不能真正帮助投资者。向临床心理学家求助,诊断是必要的,但诊断远远不是治疗计划的全部。花费200美元和一个小时的时间,被人贴上病患的标签,然后走出诊所大门,一去不回——这绝对是不值得的。这恰恰是行为金融学给投资大众带来的东西:过多的病理学理论和贫乏的解决方案。

只告诉人们不去做什么,这个方法是毫无意义的。让我们来做一个简单的练习吧。

"不要去想象一只粉红色的大象。"

当你读上面的句子时发生了什么?很可能,你做了我让你不要做的事情——想象着一只粉红色的大象。真令人失望!你可以想象出许多事情——你有很多种选择,但你偏偏和我对着干。哦,好吧,我不会放弃你的。让我们再试一次吧。

"不管你做什么,都不要想象一只紫色的大象,带着一把遮阳伞,优雅地踮着脚尖走过一条连接市区两座高楼楼顶的绳子。"

你又一次想象了,不是吗?

你刚才的经历是一种自然而然的行为,甚至在你知道自己应该做什么的时候,你也会忍不住地去思考一些事情。想象一个节食的人写了一长串节食期间不该吃的食物清单,例如,任何时候,只要他有轻微的诱惑,他就会重复这样的咒语:"我不吃饼干,我不会吃饼干,我绝对不会吃饼干。"

但他这种自我鞭挞、自我反省带来了什么样的实质效果呢?他整天都在想着饼干，很可能在第一块奥利奥饼干出现时，他就屈服了。这些研究告诉我们，更有效的方法是将行为重新定位到某种积极可取的东西上，而不是重复那些自我否定的信息，讽刺的是这种自我否定会让那些邪恶的念头占据你的脑海。

不幸的是，到目前为止，"不要这么做"比有建设性的"做这件事"产生的影响要大得多！我的目标是纠正这种现象，并向你提供具体的建议来管理你的行为和资产。

超越"仅仅说不"

消极和自卑不仅不能带来预期的行为，有时它们会完全阻碍积极的行动。企业培训和领导力发展创新公司 VitalSmarts 的领导者在他们的书 *Influencer: The Power to Change Anything* 中讲述了泰国国王拉玛九世的故事。在他 60 岁生日之际，他决定进行一场历史性的慷慨表演来作为自己的生日礼物：赦免 3 万多名囚犯。那是 1988 年，当时艾滋病病毒在泰国监狱系统里大肆蔓延。而随着数以万计的囚犯被释放，他们中的很多人后来参与到性交易活动中。一年后，泰国某些府多达 1/3 的性工作者感染了艾滋病病毒。不幸的是，很多已婚男子从性交易者那里感染这种疾病，并把它带回自己位于郊区的家乡，传染给他们毫无戒心的配偶。很快，有超过 100 万泰国人被感染，而考虑到在泰国从事性交易的人口数量相当于总人口数的 1%，泰国未来的感染率将非常可怕。

为了解决问题，政府召集了一个由维瓦特博士领导的工作组，工作内容是恐吓民众。维瓦特博士和他的团队制作了一些恐吓标语，上面写着："艾滋病，可怕的瘟疫来了！"几年后，当他们检查他们的工作结果时，发现他们的"恐吓"手段实际上产生了负面作用。问题变得越来越严重，于是他们决定采取一种新的策略。

维瓦特博士和他的团队首先发现了问题的根源：97%的新艾滋病病毒感染者的感染源来自性交易者——这个信息促使维瓦特的工作聚焦到来源上，他必须说服泰国的性工作者坚持使用安全套。之前由于过于关注恐吓，教育被搁置了。现在恐吓策略被关于如何获取预防药物和如何采取预防措施的建设性策略所取代。到了20世纪90年代后期，实际感染的人数比预期减少了500万。以上的故事告诉我们，无论是关于粉红色大象还是泰国性交易者的事情，耻辱和恐吓都不能带来积极的改变，甚至可能带来反作用。

作为心理启示行为效应的进一步证据，丹·艾瑞里的《怪诞行为学》(*Predictably Irrational*)发现女性在数学测试中的表现取决于她们被如何提醒自己的身份——被提醒是亚洲人身份（通常被视为擅长数学），还是女性身份（通常被认为数学不好）。你肯定已经猜到了，那些更强调亚洲人身份的人比那些更强调女性身份的人表现得要好。

同样，迈尔·斯塔特曼（Meir Statman）在他的书 *What Investors Really Want* 中分享了关于社会经济标签和消费行为的研究。那些认为自己是穷人的参与者更有可能把钱花在引人注目的奢侈品上，用以对外界展示财富。在以上两种情况下，研究者通过提醒参与者的社会归属来操控他们，被告知了所属阶层的参与者采取了相应的行动。

显而易见，在投资领域中，这种心理启示是危险的。通过强调困扰投资者的行为缺陷，而不是提供建设性建议，行为金融学让投资者加深了这些对自我的偏见，并做出致使问题变得更糟的行为。

投资者并不是有效市场假说认为的那种自私自利、追求效用最大化的"无人机",也不是近期被认为的荷马·辛普森(动画片《辛普森一家》的主角)一样的傻瓜。

与其罗列一份更长的关于自身缺点的清单,投资者更需要对自己的优势和劣势有一个清晰认识,既不放大前者,也不弱化后者。就像那位睿智的泰国博士一样,我希望本书在警告你,引起你足够重视的同时,也给你提供一个积极的方向,以帮助你避免由于投资上的行为偏差遭受严重损失。

蒙田曾经说过:

> 我很欣赏米利都的妇人,她看到哲人泰勒斯总在凝视天穹,总是往上看,却没有看见自己道路上的障碍,以至于跌跌撞撞。于是她警告泰勒斯:不要花太多的时间把思想在云朵间放飞,也该注意一下自己的脚下,应该更多地审视自身而不是抬头仰望天空。

行为金融学已经花了太多的时间来仰望天空,却没有意识到脚下有更实际的痛苦需要去解决。所以我写了本书,目的是提供理论、实例和有说服力的研究,最终目标是让你成为一个更好的投资者。

所以请继续阅读本书,但光是阅读还不够,因为学到的原则只有当你愿意实践它们的时候才会有用。成为行为投资者的旅程不仅需要使用头脑,也需要使用心脏和肠胃。⊖

⊖ 此处是双关语,意指感受力(直觉)和忍耐力。——译者注

第一部分
行为的自我管理原则

THE LAWS
OF WEALTH

猴子与燕尾服的悖论

你见过一只穿着燕尾服的猴子吗？我想这个画面应该不难想象，但万一你实在想象不出来，请把这本书暂时放下，使用你喜欢的搜索引擎，找找这个具有讽刺意味的图片。

现在看到了吗？很好！

在目睹一只穿着燕尾服的猴子的尊容时，你可能会经历一些矛盾反应。你的第一反应可能会是微笑或者大笑，但如果你再盯久一点，你可能会感到些许不安。因为一只穿着燕尾服的猴子或许很有趣，但让一个野生动物穿人类的礼服这件事情本身就有问题。

就像灵长类的猴子不适合穿人类的燕尾服，你也不是每时每刻都适合投资股票。但可悲之处在于：

（1）如果你想生存下去，你就必须投资风险资产。
（2）你在心理上没有为投资风险资产做好准备。

首先，让我们看看为什么你必须投资风险资产，那是因为你不想在退休后的美好生活即将开始之际陷入财政危机，而导致捉襟见肘。在写这本书的时候，美国人的年工资中位数是 26 695 美元，家庭年收入中位数是 50 500 美元。

再做一个假设，如果你的智商是普通人的 4 倍，并设法获得了一份年薪 10 万美元的工作,你对此心满意足。并且我们假设你是反对举债大师戴夫·拉姆齐(Dave Ramsey)的弟子,每年都会把你的总收入的 10% 存起来,以供退休后使用。如果你 25 岁开始存钱,到 65 岁退休的时候,你总共存了 40 万美元。

虽然 40 万美元看起来不少,但对于一个计划在退休后再活 30 年的人来说,这似乎根本不够。即使以今天的购买力计算,平均每年 13 333 美元也只能保障你的生活水平在温饱线上下徘徊,更不用提 40 年间的通货膨胀会如何降低你的存款购买力了。

从今天往回看 40 年,不难发现今天的 40 万美元的购买力相当于 1975 年[一]的 9 万美元。只需要在一张餐巾纸背后做一道简单的算术题就会发现,今天那看起来还不错的 40 万美元的购买力,40 年后必须用 150 万美元才能实现。

另外还请记住,平均来说美国夫妇退休后除了每个月的保险费,还需要准备大约 25 万美元医疗方面的支出。考虑未来 40 年的通货膨胀水平,你退休后单是在医疗账单上的花费,也会远远超过你高收入储蓄模式下的定期储蓄。

虽然你可以把上面的计算复杂化,以更好地反映普通工人的实际情况(比如说,大多数人在大学刚刚毕业时挣不到 10 万美元年薪,多数人在职业生涯中都会得到加薪,大多数人不会把收入的 10% 存起来等),但基本的结果都是一样的,考虑到通货膨胀,如果不借助投资风险资产,只靠储蓄,你很有可能在 65 岁的时候存不到足够的退休金。

伯顿·马尔基尔(Burton Malkiel)直白地总结道:"很明显,即

[一] 本书英文原版出版于 2016 年。

使要应对的只是温和的通货膨胀,我们也必须采取某种投资战略去维持我们的购买力。否则,我们的生活水准注定将会不断下降。"因此,如果我们要生存下去,就必须进行投资。

但是,现在想想上面提到的第2个问题:我们是否擅长投资?

刘易斯·卡罗尔的《爱丽丝梦游仙境》(*Alice in Wonderland*)或许是体现"无厘头文学"(literary nonsense)这一体裁的最佳书籍。正如人们从一个荒谬的故事中可以读到的那样,爱丽丝发现自己身处一个奇怪的世界——在其中,向上就是向下,错误就是正确,而且"你走哪条路都没关系"。这本书的古怪之处很好地体现在"爱丽丝"与"柴郡猫"的对话中:

"我可不想到疯子中间去。"爱丽丝说。
"哦,这可没法,"猫说,"我们这儿全都是疯的,我是疯的,你也是疯的。"
"你怎么知道我是疯的?"爱丽丝问。
"一定的,"猫说,"不然你就不会到这里来了。"

就像爱丽丝在柴郡猫的地盘上一样,投资者在投资时常常发现自己置身于一个违背日常生活法则的世界。投资者的世界是一个未来比现在更确定、少做胜过多做、集体智慧不如个人智慧的世界。让我们接下来仔细地审视这个混乱的世界吧!

未来比现在更确定?

假设我问你5分钟后你会做什么,你很可能会给我一个明确的答案。毕竟，5 分钟后发生的事情可能和你正在做的事情很相关。

现在，让我们把时间延长一点，想象一下，我问你，在接下来的几个星期里，你会做些什么。这里的难度指数级地提高了，但你的日程安排可能会提供一些线索，告诉你那个时候你在做些什么。但如果现在假设要求你预测 5 个月、5 年甚至 50 年后的行为，几乎是不可能的，对吧？这当然是不可能的，因为在我们的日常生活中，现在远比遥远的未来更可知。

但投资活动却要复杂得多，情况与以上事例恰恰相反。我们不知道今天会发生什么，对下周的情况知之甚少，也不知道未来一年可能会有什么回报，但我们可以更准确地估计未来 25 年的回报。若按持有期计算，则股票的最佳和最差回报如表 1-1 所示。

表 1-1　1926～1997 年的股票回报率[1]

持有期（年）	最佳回报率（%）	最差回报率（%）
1	+53.9	−43.3
5	+23.9	−12.5
10	+20.1	−0.9
15	+18.2	+0.6
20	+16.9	+3.1
25	+14.7	+5.9

从短期来看，回报几乎是未知的。在一年内，回报的波动范围很大，从 54% 的收益到 43% 的损失。若将时间延长到 25 年，回报的波动范围不断缩小，未来变得更加确定。如果持有 25 年，回报的波动范围是每年 15% 的收益（最佳）到每年 6% 的收益（最差）。

从长期来看，回报的波动并不那么可怕，这意味着应该长期持有股票。对人们来说，这有点像是对日常思维的颠覆，有迹象表明，许多人并没有意识到这一点。正如统计学家内特·西尔弗（Nate Silver）在《信号与噪声》(The Signal and the Noise) 中所说的那样。

> 20世纪50年代，投资者平均在持有6年以后才交易手中持有的美国公司的普通股，——这与股票是一项长期投资的观点是一致的。但进入21世纪，交易频率几乎变成了原来的12倍。股票的平均持有时间变成了6个月，并且这一趋势几乎没有减弱的迹象：股市成交量每四五年就会翻一番。[2]

直觉告诉我们，现在比明天更可知，但华尔街这个疯狂世界则相反。西尔弗先生指出，更多获取数据的途径以及技术的非中介效应，这将使大众的短期行为倾向更加严重。

对于那些能够抵御这种短期行为倾向的人来说，这是一个机会，大众越来越不耐烦只会给精明的投资者带来好处。正如本·卡尔森（Ben Carlson）在《投资者的心灵修炼》(A Wealth of Common Sense) ⊖中所说："每个人都必须明白，无论我们在金融行业看到了什么创新，耐心永远是金融市场的调节器，套利行为不可能长期获利。事实上，个人投资者相对于专业人士最大的优势之一就是有耐心。"[3]

做的比你想的要少

永远不要低估什么也不做的力量。

——小熊维尼

⊖ 此书中文版已由机械工业出版社出版。

它绝不是万恶之源，而是唯一真正的善。

——索伦·克尔凯郭尔

想象一下这样一个世界：你可以通过减少阅读来获得更多的知识，通过尽量减少旅行来看到更多的世界，通过减少锻炼来获得更多的健康。当然，一个少做事多收获的世界与我们当下生活的世界很不一样，但如果我们想要学会在华尔街的疯狂世界里生活（而且我们必须这么做），那么那个世界的运作方式就是这样的。我们需要学习的经验之一就是做的比我们认为应该做的更少。

在面对高风险时倾向于做出巨大努力，这在心理学上被称为"行为偏差"。一些最有趣的关于行为偏差的研究来自体育界，尤其是足球界。研究人员曾经研究过面对点球时足球守门员的行为。通过对311次点球的研究，他们发现守门员扑向球门左侧或右侧的概率高达94%。然而罚点球的对方球员踢向球门左侧、右侧或者中间的概率是一样的，各为1/3。研究者发现如果守门员站在球门中间不动，反而有60%的概率能够扑到点球，这远比直接扑向左侧或右侧更为有效。

那么，为什么当原地不动是最有效的策略时，守门员偏偏反其道而行呢？当我们想象自己就是守门员的时候，答案就很明显了。当比赛的结果和国家的荣耀在此一搏的时候，你要表现得像个英雄，虽然可能是个悲剧英雄！你想拼尽全力，用比赛的说法就是，"在球场上一决雌雄"，而待在球门中心原地不动看起来过于骄傲自满了，似乎并未拼尽全力。同样，在经济下行时期，投资者在保护和提升辛苦赚来的财富时不希望自己坐视不管，即使有人告诉他们这可能是最好的选择。

就像导言中提到的几内亚蠕虫病的研究人员一样，富达基金公司

（Fidelity）的一个团队开始研究其表现最好的账户的行为，试图区分出顶尖投资者的行为模式。他们的发现可能会让你震惊，当他们试图与表现最好的账户的所有者联系时，共同点往往是，所有者居然忘记了账户的存在。要区分熟练投资者的复杂行为特征，就说这么多吧！健忘似乎是投资者能得到的最好的礼物。

另一家基金巨头——先锋公司也比较了那些经常变动的账户与那些长期没有发生任何变动的账户的表现。果不其然，它发现"没有变化"的账户的收益远远超过了经常变动的账户。迈尔·斯塔特曼引用瑞典的研究表明，最勤劳的交易员每年都会因为交易成本和错误选择时机而损失 4% 的账户价值。以上情形在全球各地都是一样的：在全球主要的 19 个证券交易所中，经常交易的投资者每年的收益率普遍比"买入并持有"的投资者低 1.5 个百分点。[4]

最著名的关于行为偏差的破坏力的研究也为交易行为中与性别相关的倾向提供了洞见。特伦斯·奥迪恩（Terrance Odean）和布拉德·巴伯（Brad Barber）是行为金融学的两位创始人，他们查看了一个大型折扣经纪商的账户，发现了令他们惊讶的事情。

研究发现，男性投资者的交易频率普遍比女性高出 45%，其中单身男性比单身女性高出 67%。巴伯和奥迪恩将这一现象归因于过度自信。无论其心理根源如何，过度自信都会降低回报。由于频繁交易，研究中男性的年度收益率平均比女性低 1.4 个百分点，更糟糕的是，单身男性比单身女性落后 2.3 个百分点。这在整个投资生涯中是难以置信的拖累。

女性表现优于男性的倾向不仅体现在散户投资者身上。女性对冲基金经理们的表现也一直在她们的男性同事之上，这在很大程度上要归功于上面讨论过的耐心。正如金融服务公司 Motley Fool 的劳安·洛夫顿（LouAnn Lofton）所说：

> ……就对冲基金来说，由女性管理的基金自成立以来的加权指数平均回报率为9.06%，而男性管理的仅为5.82%。这种优异表现似乎还不能令人印象深刻，该组织还发现，在2008年的金融危机期间，这些女性管理的基金遭受的损失要小于其他基金，平均损失为9.61%，而其他基金则为19.03%。[5]

小伙子们，似乎永远过度活跃，但谁能想到这种行为会带来如此巨大的财务损失呢？

远离喧嚣的人群

> 任何一个人，作为个体来看，都是足够理智和通情达理的，但是，如果作为群体中的一员，立刻成为白痴一个。
>
> ——弗里德里希·冯·席勒

我大约每周外出一次去参加会议，除了事先安排好的会议流程，我常被邀请向财务顾问们介绍行为金融学的基本原理。任何经常出差的人都知道，在新的城市里，要了解哪里有最好吃的餐厅、最好的旅馆或者最精彩的表演，都不是很容易。虽然许多不错的酒店都提供咨询服务，但事实上，你最多能获得的只是服务员的个人建议。

不止一次被品位不如我的服务员误导之后（我很确定，这种误导的产生不是因为我的品位有多特别），我很快学会了利用大众的力量。像 Yelp、Urban Spoon 和 Rotten Tomatoes 这样的手机应用程序中有大量的评论，可以引导食客和观众去寻找广受好评的餐馆与电影。虽然我常常不认同单个服务员或者本地报纸的电影评论员的观点，但大众的意见从来没有让我失望。在最重要的事情上（如食物和电影），大众是最有智慧的。

但是，大众思考的力量并不局限于挑选美味的炸猪排餐厅，或者决定是否要看《哥们，我的车在哪儿?》（烂番茄分数：18%）——虽然这也是最成功的政治制度的基石。温斯顿·丘吉尔爵士曾说过，"你到街上去找一个普通选民聊上 5 分钟，你就能找到反对民主的最好理由"。这是在选举期间多次听到的一种观点。但是，为什么在很长一段时间里，民主都是如此成功（或至少并非完全失败）？恐怕这里需要再次借用丘吉尔的话，"除了那些一次次被尝试过的政府形式之外，民主是最坏的政府形式"。

答案在于人们倾向于选择更明智、更有道德、更宽容、更有礼貌的候选人，但不应该是一个拥有以上全部品质的人。其他可供选择的政治制度，如寡头政治和君主制，太依赖于个别人的长处或短处，这里的风险/回报比民主形式要高得多。普通选民可能不会给人留下深刻印象，但是一般选民的平均水平往往是最好的选择。

如果大众的智慧能帮助我们解决复杂的决策问题，并为我们提供一个足够好的政府，那么凭直觉，它应该也能给投资者提供一些东西，对吗？不对！再一次，华尔街的疯狂世界原则颠覆了传统逻辑，要求我们基于不同的假设操作。这个假设是基于原则的个人行为在大众智慧之上。

为什么在美食决策和投资决策之间存在质的差距？著名行为经济学家理查德·塞勒（Richard Thaler）研究了那些导致大众很难做出决策的4种品质。它们是：

（1）人们先看到好处，再看到坏处。
（2）针对这个问题的决策是不需要经常做出的。
（3）决策的结果反馈不是即时的。
（4）很难用语言将问题描绘清楚。

做出是否选择某种食物的决策需要涉及以下几个因素，首先是用语言清楚地描绘食物（如"我们今晚的特色菜炸得很酥，而且上面盖了一层厚厚的奶酪"），之后得到即时反馈（如"天哪！这真好吃"），这个决策经常需要做出（每日三餐，或者像我一样，每日多餐），并且成本都是即时反映出来的（如"这要花27美元"或"我应该吃了三卷之后就停下来"）。

与此相反，关于投资的决策却与上面关于食物的决策相反。它由故意混淆的语言组成（谁知道"市场中立"到底是什么意思），它的结果反馈严重滞后（对做出明智决策的投资者甚至需要好几十年），不需要频繁地做出决策（有点像偶尔为之的遗嘱），而且它的好处被推迟到了我们几乎无法想象的程度（36岁的我很难想象80岁的我会如何花这笔钱）。大众可以在选择一顿美食方面给我们提供极好的建议，因为这是一个经常做出的决定，其结果是一目了然的。相反，某项投资决策是否明智在数年内可能不会得到体现，这意味着，不耐烦的大众可能帮不了你什么。

我们从塞勒教授的研究中知道，股市中的大众在考虑进入和退出的时机时，常常会做出错误的决定。他们在拥有短期快乐和长期痛苦（牛市）时进入市场，并在享受短期痛苦和长期快乐（熊市）时离开。在《投资者的心灵修炼》中，本·卡尔森讲述了美联储进行的一项针对1984～2012年资金流向的研究。不出所料，"他们发现，大多数投资者在股市大涨后纷纷涌入市场，并在遭受损失后退出，即高买低卖"。我们又一次看到，相比华尔街的疯狂世界，人们更喜欢用廉价的情感慰藉来换取持久的贫困。

贾雷德·戴蒙德（Jared Diamond）的《崩溃》(*Collapse*)，就讲述了这样一个故事：一个民族试图做投资者在华尔街的疯狂世界中所做的事情——固执地将其偏爱的生活方式强加于一个不相容的生存环境中。[6] 戴蒙德讲的是挪威和冰岛的一群人离开家园，试图定居在格陵兰的故事。

维京人向来自负，他们一意孤行地砍伐森林，开垦土地，建造房屋，掠夺牧场，耗尽了仅有的自然资源。这些北欧人无视当地居民因纽特人的智慧，鄙视他们的做法，认为他们的方式比起欧洲更精致的农业和建筑方法来非常落后、原始。由于无视当地人的衣食住行，北欧人在一片未知的富饶土地上成为他们自己傲慢的牺牲品。

就像格陵兰岛的北欧人一样，你会发现自己生活在有着奇怪习俗的土地上，其中有些习俗没有什么意义。在这片土地上，少即是多，未来比现在更容易预测，你的同伴的智慧不值一提。

这是一个孤独的地方，需要始终如一的耐心和自我克制，人类不可能轻易做到。但是，如果你想过舒适的生活，并使你的努力获得厚报，你就必须驯服这片土地。这里的法则很少，学习起来也很容易，但你一开始应用时会感到不舒服。这不是一件容易的事，但这一切都是值得的，并且都是你力所能及的。

现在让我们开始这段旅程，来学习这片土地上的生存法则吧！

原则 1

投资前最重要的事情：控制你的行为

> 投资者的主要问题，也是他最大的敌人，就是他自己。
> ——本杰明·格雷厄姆

我一再注意到，早在现代科学揭示真相之前，哲学家、神学家和作家就已经记录了他们对于人性的敏锐观察。《旧约》中有这样一个故事，我把它称作"约旦河问题"，这本是一个复杂的问题，而解决方案却因为本身太过简单而被人们忽视了。

这个以约旦河命名的故事是关于一位富有的社区领袖乃缦的，他是叙利亚王国军队的军官。根据记载，乃缦似乎是一个有权势的人，广受尊重。但有一个（大）麻烦：乃缦是个麻风病人。乃缦的一个仆人为了使她的雇主摆脱这种痛苦，便建议他去寻找一位撒玛利亚先知，因为后者奇迹般地帮助了很多其他同样有着类似问题的人。

抱着最后一线希望，乃缦驾着马车来到先知的家里，向先知求教。先知没有出来见他，而是差遣一个仆人对乃缦说："去约旦河里沐浴七次，你的肉体就会康复，你也会得到净化。"

现在，我们傲慢的主角对这次拜访的结果并不满意。首先，先知没有出面并礼貌地与他面对面交谈。其次，他被告知的建议是到一条不那么干净的河流里执行一项看似愚蠢的任务。乃缦质疑为什么不让自己去附近三条更美、更干净的河流里洗浴，于是便怒气冲冲地离开了。

乃缦的仆人虽然也很生气，但她鼓足勇气走向她的主人，建议他听从先知的简单要求，她说："我的主人，如果先知吩咐你去做一件复杂的大事，你肯定会去做。而现在他只是让你去做洗浴这样简单的事情，为什么不去做呢？"随后如故事所说，乃缦决定谦卑地去执行这项看似简单的任务，最终他的疾病被治愈了。

今天，投资者依然被"约旦河问题"所困扰，问题的答案也因为过于简单而被忽视了。这里解决问题的关键在于你自己。

在考虑是什么促成了不同的投资回报时，投资者习惯于幻想一切其他的原因，除了最重要的事情——他们自身的行为。有些人想象如果自己能在特斯拉（或苹果，或任何你能说出的涨幅巨大的股票）首次公开募股时就买下它们，那会是什么样的情形；另一些人幻想如果能在大熊市到来之前完美地退出，将会是一种怎样美妙的感觉；还有人的梦想是成为伯克希尔－哈撒韦公司的一名原始股东，然后可以尽情地在中西部的娱乐业中心随心所欲地享乐。

若想获得较好的投资回报，相对于选对一个基金或者买卖时机来说，投资者的行为更能预示财富创造，但没有人梦想着不恐慌、进行定期投入并始终保持对长期回报的关注。

虽然投资者的梦想中并不包括行为模式,但行为模式是实现投资高回报的必要条件,也是推动破坏性投资的罪魁祸首。加里·安东纳奇(Gary Antonacci)利用 DALBAR 对投资者的行为进行研究,所得结果强调了投资者的行为模式带来的货币加权回报率与时间加权回报率之间的巨大鸿沟,这就是我们所谓的"行为偏差":

> 截至 2013 年,在过去的 30 年中,标准普尔 500 指数的年度回报率为 11.1%,而股票型共同基金投资者的平均回报率仅为 3.69%。其中大约 1.4% 的差距是源于基金费用。而 6% 的差距,很大一部分是由投资者在错误时机做出的决定造成的。[7]

行为偏差衡量的是投资者对市场的情绪化反应所造成的损失。虽然有些人可能由于研究方法的不同而不同意 DALBAR 的研究结果,但没有人怀疑行为偏差的存在。正如图 1-1 中的估算所示,在行为偏差导致的结果大小方面,不同的研究存在一些分歧(不同的估算表明,每年的损失介于 1.17% 和 4.33% 之间),但对于其对回报所带来的负面影响,各方普遍达成了一致意见。

如果一家共同基金公司推出的产品每年的回报率都比市场平均值高 4%,公司肯定会吸引一大批投资者。可悲的是,约旦河故事里的行为偏差现象意味着我们靠做出正确的决定而去挣得这 4% 的可能性很低。

好吧,假设你认为减少行为偏差并不能对投资回报有多大的助益,仍然想把注意力集中在选择最好的基金上。假设你可以做到这一点（尽管市场上有超过 8000 只股票共同基金），并且假设你在 2000～2010 年投了回报率最高的那些基金。

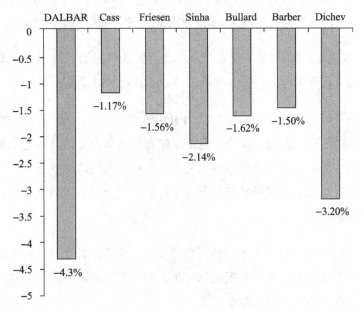

图 1-1 行为偏差导致的负面结果估算

在那 10 年里，CGM Focus（CGMFX）是回报率最高的股票基金，年化收益率为 18.2%，超过第 2 名 3%。投它是个不错的选择！唯一的问题是，平均来说，在那 10 年间真正购买了 CGMFX 的普通投资者却没有挣到钱，反而损失了 10% 的资产。原因在于该基金的波动性，再加上投资者追涨杀跌的倾向，意味着投资者在大部分收益已经兑现后蜂拥而至，而在出现亏损后卖出，并且循环往复。追求最大化回报是对的，也是本书的重点之一，但如果没有自控能力，实现这个目标根本无从谈起。

作为进一步的佐证,在 1999 年股票处于历史上的高位时,美国人把近 9% 的薪水投入到他们的 401(k) 退休账户中。3 年后,股价下跌了约 33%,美国人投资到 401(k) 的薪水比率下降了近 1/4。[8] 对整个市场进行估值是简单的,但在此基础上采取恰当的行动却要难得多。

管理人类自身的行为是成为成功投资者的基石,这是毫无疑问的。没有任何天才的投资技巧能够治疗不良行为的毒瘤。

剩下的九条自我管理原则将指引你做出良好的行为,并帮助你获得 4% 的良好行为偏差溢价,但需要你真正发自内心地认可它们的价值。保持好的投资行为的困难之处在于,即使投资者承认了它的重要性,有时也很难认同顺其自然的简单办法其实是最好的方法。加强自我管理将有助于此。

我们中很少有人有足够的洞察力和智慧来管理好自己。如果良好的行为模式是追求投资回报的第一步,那么愿意在这一点上寻求帮助是建立良好的行为模式的第一步。

行为校准模型

思考: "不管市场如何变化,我自己的选择最重要。"

提问: "除了追逐回报率,我是否还可以在储蓄、削减生活成本和保持耐心上做得更多?"

行动: 设置一个长期的自动向你的投资账户打款的流程,并且额度会随着薪水的增长而提高。

原则 2

不要拒绝顾问

> 我们不只为自己而生。
> ——马库斯·图卢斯·西塞罗

在一个每笔交易收费不超过 7 美元的时代,人们很快将传统的咨询视为一种老掉牙的东西。很多年前,只有经纪人和顾问独占金融数据与股票报价系统。如今,投资者只需要一部苹果手机外加一个免费的在线经纪账户就能完成 30 年前华尔街的专属业务。在这样一个时代,你应该这样提问,"我的顾问真的能挣到钱吗?"研究表明,答案是"是的",只是其背后的原因可能与你想象的有所不同。

一篇名为《顾问的阿尔法》(Advisor's Alpha)的开创性文章,以对费用敏感而著称的先锋公司的雇员为例估计,一位称职的财务顾问能够帮助你带来额外 3% 的年化收益。[9] 不过论文也指出,这 3% 的额外收益的实现是比较曲折的。更确切地说,它的实现在时间上不是线性的，而是集中在市场呈现出极度恐惧和贪婪的时期。顾问价值的这种不均衡分布预示着第2个真理，我们很快就会讨论到：利用财务顾问的最佳方式是将其作为行为教练而不是资产管理人员。

晨星公司（Morningstar）在它们的白皮书《阿尔法、贝塔和现在……伽马》中也提供了关于顾问价值的一些其他证据。[10] 晨星用"伽马"这个缩写来指代"投资者通过做出更好的财务金融可以赚取的额外收入"，他们认为优化决策是投资者与财务顾问合作的主要好处。对"伽马"进行量化之后，发现那些选择晨星的投资者的收益的年度表现要比那些只接受一般建议的投资者高出1.82%。这再一次证明，顾问应该不是只赚取手续费，优化决策是他们帮助客户提升投资收益的主要手段。

怡安翰威特公司（Aon Hewitt）和账户管理公司Financial Engines合作进行的研究也支持以上观点。它们的初步研究是在2006～2008年进行的，将那些通过封闭式基金或管理账户接受在线咨询、线下指导的投资者与那些只靠自己的投资者进行了比较。它们发现，在以上年份，那些接受帮助的人比不接受帮助的人的表现要好，扣除费用后的额外收益达1.86%。

为了研究在金融动荡时期的情况，它们随后在2009～2010年进行了类似的分析。它们发现，在动荡时期，接受决策优化的帮助，所带来的影响更大，接受帮助的群体的额外回报（扣除费用后）是每年2.92%。这个结论与先锋公司的研究结果一致，在理性决策变得困难的时期（动荡时期），接受帮助获得的好处更大。

根据以上研究，我们现在已经清楚，接受金融指导通常可能获得 2%～3% 的年度额外回报。尽管这些数字可能看起来很小，但任何熟悉复利奇迹的人都能理解这背后隐含的巨大力量。如果财务咨询真的奏效，那么随着时间的推移，听从好建议的效果应该是相当可观的。是的，以下研究证实了这一点。

加拿大投资基金协会 2012 年的《咨询的价值》（Value of Advice Report）报告中指出，购买财务咨询的投资者坚持其长期投资计划的可能性是那些不购买的投资者的 1.5 倍以上。由于这种对投资计划的承诺，接受建议的家庭与不接受建议的家庭之间的贫富差距随着时间的推移而增大。对于接受 4～6 年咨询建议的投资者，其收益是不接受咨询建议的人的 1.58 倍；如果时间延长到 7～14 年，倍数几乎达到了 2 倍（1.99 倍）；如果时间延长到了 15 年及以上，倍数达到了压倒性的 2.73 倍。好的理财建议不仅在短期内是有回报的，在终身投资计划中，这些收益的成倍增长更是令人震惊的。

希望到此为止，你能够不再对接受投资顾问建议的累积效果有任何怀疑。不过，让我们把目光先从投资回报上挪开一点，看看与一位金融专业人士合作是否有助于提高你的生活质量。

毕竟，虽然许多人完全可以自己割草、打扫房子或粉刷房间，但他们还是选择雇人这么做。虽然你可能拥有与你雇用的人一样的割草技能，但你希望能够有更多的时间享受宁静平和的生活，或者与所爱之人相处。研究表明，与财务顾问一起工作，除了可能得到经济上的回报以外，他还能为你提供更有价值的信心和安全感。

加拿大的《咨询的价值》报告发现，支付财务咨询费用的被调查者回答，他们更有信心、更确信能过舒适的退休生活，并且他们也自认为已经为紧急情况准备了足够的资金。金融理财标准委员会进行的另一项研究发现，对于"是否拥有平和的心境"这个问题，61%的支付财务咨询费用的人（有计划的人）给出了相当肯定的回答，而其他人（没有计划的人）只有36%给出了同样的回答。大多数有计划的人（54%）认为自己已经为紧急情况做好了准备，而在没有计划的人中这一比例只有22%。最后，在有计划的人中，51%的人认为退休生活有了保障，而在没有计划的人中，只有18%的人认为自己可以不用为退休生活发愁。[11]

接受良好的财务咨询会带来财富和信心上的双赢。以上研究证明，一个优秀的财务咨询顾问能够帮助你在追求财务回报的旅程中更加顺遂，并且最终能达成所愿。

你需要问财务顾问的十个问题

我们已经确定,与财务顾问合作可以帮助你避开未来的财务困局,但并不是所有的顾问都能做到这点。向你的顾问候选人提出以下十个问题,以确保你能选出最好的顾问。

(1)**你是受托人吗?** 针对受托人有一项法律规定,要求其把客户的利益置于自己的利益之上,客户的利益是第一位的。

(2)**你有什么办法能让我避免出错?** 别忘了。行为教练是顾问最大的附加价值!

(3)**你的收费方式和标准如何?** 具体的收费标准是可以谈判的,特别是对于大额账户。

(4)**你有专长的领域吗?** 一些顾问的服务对象是特定的人群,如小企业主、"转型中的女性"或价值投资偏好者。

(5)**你们提供什么服务?** 一些金融专业人士只提供投资计划或建议,还有一些提供更加广泛的服务。仔细询问,确保所提供的内容符合你的需求。

(6)**你的学历或者资历如何?** 寻找那些拥有多年经验,拥有专业资格证书以及相当学历背景的顾问。

(7)**你的投资哲学是什么?** 拥有一套清晰的投资哲学是深思熟虑的标志。陈词滥调的推销是一个你应该马上走开的信号。

(8)**我们多久沟通一次?** 这应该由你的需求和偏好决定。预计每年1~4次。

（9）你的客户经验有何独特之处？你为这项服务支付了很高的费用，应该得到相应的待遇。

（10）你的后续计划是什么？有的咨询顾问要求你考虑长期问题，你不妨问问候选人这个问题。

价值存在于你不抱期待的地方

上一章我们以约旦河的问题，或者说常常因其最简单而被忽视的解决方案，作为开篇。乃缦对先知的建议嗤之以鼻，因为面对复杂的问题，简单的答案似乎并不能有所助益。而我们今天同样倾向于寻找复杂的疗法（比如说使用复杂的药物）来治疗大多数身体疾病，却忽略了另外一些更有效但相对简单的方法，比如改善饮食、加强锻炼和保持内心平静。

这种追求复杂性和忽视简单性的倾向，多年来在投资界一直存在，并导致顾问和客户都忽视了金融专业人士带来的最大增值。我们将再次呼吁这项研究，试图为那些接受专业财务咨询的人确定卓越表现的来源。

先锋基金公司的《顾问的阿尔法》很好地量化了投资顾问在许多日常活动中价值增值上的贡献（以基点（bps）为单位），其结果可能会让你感到惊讶。

- 资产再平衡：35 bps
- 资产配置：0～75 bps
- 行为教练：150 bps

有趣的是，以上数据显示行为教练比其他两个与金钱管理更相关的活动能提供更多的附加值。大约 3% 的额外回报中的一半应归功于行为教练，或者说归功于其阻止客户在恐惧或贪婪的时候做出愚蠢的决定！所以说，有时让顾问管理你的情绪比管理你的金钱更有价值。

晨星公司的《阿尔法、贝塔和现在……伽马》研究也说明了顾问的真正价值，以及投资者在选择专业人士时应该关注的焦点。它列出的增值的维度如下：

- 资产配置
- 退出策略
- 税收效率
- 产品配置
- 以目标为导向的建议

虽然以上一些知识可以很容易地自学（例如，资产配置），但另一些仍然比较特殊，只有借助于外部顾问才能获得。就像每个人都能找到一个适合自己的健身方案，为多元化的投资寻找一些指导方法其实也不难。

但是，如果仅仅知识就足够引导人们采取正确的行动，美国现在就不会是世界上最肥胖的发达国家，也不会面临迫在眉睫的退休危机。获取知识只是一个重要的起点，一个能确保你遵守计划的个人教练更重要。

所以，财务顾问能提供价值吗？

无论是在改善生活方式还是提高生活质量方面，研究有力地支持了这一观点，但这取决于我们知道寻找什么样的人作为合适的财富管理伙伴。我们天生倾向于过度复杂、花样繁多的营销，寻找那些高谈阔论深奥知识的领导。然而真正能给你带来更多财富的应该是这样一位伙伴：他既知识丰富，又和你关系密切，他会在我们恐惧时聆听我们的倾诉，并把我们解救出来。用简单的方法解决复杂的问题，我认为乃缦会同意这一点。

行为校准模型

思考： "如果一个顾问让我一生不犯五大错误，那他赚的钱可不止这些了。"

提问： "如果一个顾问的首要价值是教导我的行为，那么我可以从他身上得到什么？"

行动： 如果某个顾问把行为教练作为他的主要职责之一，试着去寻求他的帮助。

原则 3

麻烦就是机会

在最悲观的时候买入，在最乐观的时候卖出。

——约翰·邓普顿爵士（Sir John Templeton）

你可能知道尼采有句名言，"但凡不能杀死我们的，最终都会使我们变得更强大"。但你不知道的是，他说完这句名言之后不久就感染了梅毒，并精神崩溃了。尼采最后死于精神错乱、中风和瘫痪。[12]

在生活中，就像在金融市场上一样，类似"当别人恐惧时，你应该贪婪"这种话说起来容易做起来难。困难很大程度上来源于我们面对负面事件时的行为方式。

我们来做一个实验。让我们假设你的今天"总体看来还不错，但是有点小麻烦"。我想要你花 30～60 秒来想象什么能让这一天变得更好，然后把想到的写下来。再请你用 30～60 秒的时间来想象什么会让这一天变得更糟，列出可能会毁掉今天的事情。最后比较一下这两个列表——哪个列表更长？哪个列表更生动？哪个列表更现实？

如果你和大多数人一样，那么相比让一天更美好的事件清单，你更容易列出一个灾难性事件的长清单。因为我们人类有一种自然的倾向：会不由自主地去想象最坏的情况，并对消极的事情留下深刻印象，这是一种防止未来伤害的保护措施。那些做买卖的商人，包括财经新闻负责人，非常了解这种灾难化倾向。就像尼克·默里（Nick Murray）说的，"任何时候在世界上的某个地方总会发生某种浩大的灾难，就算偶然没有，新闻界也会制造一个，把它视作世界末日的预言，并且每周7天、每天24小时不间断地播放"。

明智的投资者要想真正抵御风险投机者兜售的恐惧，就必须了解三件事：回调和熊市是任何投资周期中常见的一部分，它们从长期来看是一个买入机会，是一个系统自我修复的过程。

这里我们定义股票价格下跌10%为"回调"，下跌20%为"熊市"。虽然这两种定义都有些武断，但考虑到它们被广大投资者所接受，所以还是值得我们来做一些分析的。

1900~2013年，美国股市经历了123次回调——平均每年一次！而所谓造成更大损失的熊市的发生频率略低，平均每3.5年发生一次。虽然媒体每次谈起10%~20%的价格下跌，就喜欢危言耸听，让投资者感觉世界末日就要来临，但是市场价格下跌发生的频率就像春天的来临一样有规律，长期来看，这并没有否定市场本身集聚财富的趋势。

令人难以置信的是，在这100多年的时间里，人们随时可以遇到两位数的年化回报率以及随之而来的两位数的损失。所以，请跟随我一起重复："熊市是经济周期的一个自然组成部分，我预计在我的有生之年将出现 10～12 次的熊市。"

表 1-2 列出了自 1929 年以来美国熊市的日期，以月份为单位的持续时间及其从峰值至低谷下降的程度。

表 1-2 美国自 1929 年以来的熊市

回调	事件	市场峰值	回调量（%）	持续时长（月）
1929 年大萧条	过度杠杆化，非理性繁荣	1929 年 9 月	-86	33
1937 年 2 月美联储紧缩	过早的紧缩政策	1937 年 3 月	-60	63
"二战"后经济萧条	战后复员，经济衰退恐慌	1946 年 5 月	-30	37
1962 年闪电崩盘	古巴导弹危机后的闪电崩盘	1961 年 12 月	-28	7
1970 年科技股崩盘	经济过热，国内动乱	1968 年 11 月	-36	18
滞胀	欧佩克石油禁运	1973 年 1 月	-48	21
沃尔克紧缩	有目标的通货膨胀	1980 年 11 月	-27	21
1987 年崩盘	程序交易：过热的市场	1987 年 8 月	-34	3
互联网泡沫	极端估值；互联网泡沫破灭	2000 年 3 月	-49	31
全球金融危机	房屋贷款杠杆；雷曼破产	2007 年 10 月	-57	17
		平均	-45	25

熊市和回调是以某种规律出现的，它们摧毁投资回报的能力也源自人们的行为。《理财最重要的事》(*The Behavior Gap*)的作者卡尔·理查兹（Carl Richards）给出了一个例子，即"连续 5 个月，投资者从股票共同基金中提取的资金超过了投入的资金——这是有史以来第一次出现这种情况"。此后 5 年，股市从熊市底部上涨了近一倍。猜猜这是哪段时间？——是的，2002 年 10 月。

这种行为偏差的倾向并不局限于散户投资者。正如伯顿·马尔基尔在《漫步华尔街》(*A Random Walk Down Wall Street*)⊖中所说,"共同基金经理的谨慎(比如说配置大量现金)与股市的低谷几乎完全吻合。共同基金现金头寸的峰值与1970年、1974年、1982年和1987年股市大崩盘后的市场低谷相吻合"。

我们对恐惧的过度反应放大了熊市的破坏性。我们对市场的主观体验与实际情况往往刚好相反,当你觉得市场上危机四伏的时候,实际上那可能是市场上最安全的时刻。正如沃伦·巴菲特的导师格雷厄姆所说:"投资者若因持有的股票出现合理的下跌而感到惊慌失措或过分忧虑的话,便会将他的优势转变为劣势。"[13] 管理这种不必要的担忧的唯一希望是系统化的投资方法和坚持到底的信念——稍后我们会更多地阐述这一点。

每个成年人平均每8小时中就有1小时在思考未来。这意味着,平均来说,你每天在清醒时会花2个小时在想明天会发生什么。不幸的是,担忧的东西往往更多、更棘手(还记得你想象的灾难性的一天吗),然而这些担忧没有让你意识到,市场开始动荡时往往预示着回报丰厚的时期即将到来。

举个与直觉相反的实际例子,高失业率时期的股市往往表现优异。[14] 再想想本·卡尔森的发现,"市场回报最好的时期,往往不是从好到更好的时期,而是发生在从糟糕到不那么糟糕的转化时期"。

伯顿·马尔基尔和查尔斯·埃利斯(Charlie Ellis)的《投资的常识》(*The Elements of Investing*)中阐述了一种在市场的跌宕起伏中站稳脚跟的方法,这种方法可以使苦恼于如何管教青少年的父母们产生

⊖ 此书中文版已由机械工业出版社出版。

共鸣:"投资就像培养青少年,有经验的父母都知道,要注重长远的成长,而不是盯着每时每刻的日常琐事。"

你有没有想过为什么你不能自己挠自己的痒?因为你的大脑必须有这样的想法,"嘿,我应该挠自己痒痒",然后你才能开始行动。当你真的想挠你的手臂的时候,你的身体就会有一个预期,所以一点儿也不觉得痒。而别人挠你的痒时却不会这样。

试图对市场波动做出合理假设的行为也会产生同样的效果——预期会削弱影响。如果你关注的媒体正在炒作说现在是最坏的时候了,你将被金融和行为的双刃剑所伤害。然而如果你能在最坏的情况下把回调看作正常的调整,那就能在别人恐慌的时候获利。

行为校准模型

思考: "熊市、衰退,尤其是不确定性,是我为获得超额回报而必须付出的心理代价。"

提问: "那些引起别人恐慌的事件是否为我提供了机会?"

行动: 列出一份你中意的、目前股价有些过高的公司的名单,下次当市场波动使其价格更具吸引力的时候,坚决购买。

原则 4

避开情绪的影响

如果你觉得投资是一种娱乐,并且感觉很有趣,那你可能赚不到钱。真正的投资是很乏味的东西。

——乔治·索罗斯(George Soros)

在举办风险评估研讨会时,我常常要求参与者写下一个单词,那个单词的发音是"dai"㊀,请参与者根据我的发音写下第一个出现在脑海中的单词,不要多想。

显然,在英语中拼写这个读音的单词有两个:"dye"(染料)或"die"(死亡)。突然出现在你脑海中的这个词可能与你现在的心情有关。由于心情影响记忆,心情比较好的一天更容易想到不那么危险的拼写,而在那些艰难的日子里你的大脑里会出现另外一种危险的拼写。

㊀ 后面提及的"die"和"dye"均为这个读音。——译者注

但是情绪对思维的影响并不局限于简单的单词拼写。情绪也会影响我们回忆过去或者构思未来的方式。问那些正在经历糟糕的一天的人（比如那些写了"die"的人），请他们谈谈自己的童年经历。他们可能会告诉你，他们曾是怎样一个胖乎乎的、脸上有粉刺的孩子，球场上从来没有被选中去发球。而如果你是在这个人顺风顺水的一天中向他提出这个问题，他可能会记起的是在楠塔基特岛的夏天，品尝美味的冰激凌。

我们经常把我们的大脑比作电脑——负责存储和搜寻信息的超级存储设备。实际上，我们的大脑更像"啤酒眼镜"⊖而不是超级计算机，这意味着聪明的投资者必须采取预防措施，以确保情绪不会扭曲他的真实感觉。机构投资者本·卡尔森直截了当地说："你的生活中有很多地方需要情绪反应——婚礼当天或者在孩子出生的时候。但情绪是投资决策的敌人。让我再重复一次：情绪是投资决策的敌人。"[15]

社会心理学家詹妮弗·勒纳（Jennifer Lerner）和她的同事进行的一项研究帮助我们得出了这样一个结论：情绪会影响我们的风险评估结果和支付意愿。[16] 勒纳和她的团队将研究的参与者分为两组——悲伤情绪组和无情绪组。在悲伤情绪组，参与者们观看了电影《舐犊情深》（*The Champ*）中的一个片段，影片中一个年轻男孩的导师去世了。然后，参与者被要求写一段话，阐述关于这一事件如何影响了他们的情绪。无情绪组的人观看了一段关于鱼的短片，并被要求写一篇关于日常活动的文章。看完这些视频后，参与者被告知他们正在进行第 2

⊖ Beer Goggles，特指喝酒之后感觉看到的人或事物变得更有吸引力的现象。——译者注

项不相关的研究。在这项研究中，一些参与者被要求去兜售彩色荧光笔，另一些人被询问他们愿意出多少钱去购买这支笔。

这项研究的结果符合我们的预期——情绪对买卖的价格产生了巨大的影响。处于悲伤状态的买家愿意为荧光笔多付30%的钱，他们的悲伤使他们付出了过高的代价。在感到悲伤后，以购物的方式来治疗情绪可能显得轻浮。处于悲伤状态的卖家也表现出情感的伤痕——他们的笔的售价比无情绪组低了大约33%。

高价购买一支笔，这本身可能不会让我们置身危险之中，但是如果我们把这种效应延伸到我们个人的财富管理上，那就需要引起重视了。情绪化的投资者会因为兴奋而选择高价购买股票，也会因为绝望而以过低的价格抛售股票。金融作家沃尔特·白芝浩（Walter Bagehot）早在行为投资学出现之前就发现了这一迹象，他写道："所有人在最快乐的时候都是轻信的。"[17]

受影响之下

让我们进一步探讨情绪对风险感知的影响，让我们来看看和蔼可亲的行为经济学家丹·艾瑞里在《怪诞行为学》中和一群同事所做的一些很有意思的工作。艾瑞里和同伴问了一组参与者19个关于他们的性偏好的问题，包括是否进行过"奇怪"的性行为、是否欺骗过伴侣、是否关注性行为的安全性和是否尊重伴侣。

首先他们在一种"冷"的状态中问参与者这些问题，此时参与者在情感和性情绪上都没有被唤醒。你可能已经猜到了，处于这种状态的参与者倾向于提倡安全、自愿的性行为，尊重伴侣的意愿，并且对伴侣保持忠诚。

接下来，艾瑞里和团队将色情图片引入到练习中，目的是激发参与者的性情绪和情感。当产生了性冲动后，参与者对这 19 个问题的回答发生了巨大的变化。他们的回答中会欺骗伴侣的答案比之前高出了 136%，有从事奇怪的性活动的比例比之前高出了 72%，发生无保护的性行为的比例比之前高出了 25%。艾瑞里总结道："预防保护、保守主义和道德在这一时刻完全消失了。受测试者没有料到激情已经在很大程度上改变了自己。"[18]

这个实验的独特性可能让我们误认为它的影响仅限于性，事实并不是这样。正如艾瑞里在脚注中所说的："我们也可以假设其他情绪状态（愤怒、饥饿、兴奋、嫉妒等）以类似的方式工作，在它们的作用下，我们变成了一个陌生人。"[19]

参与研究的人知道所有的原则——你应该戴安全套，你永远不应欺骗你的伴侣，他们只是在情绪激动的时候变得不在乎这些原则。就像你也知道许多明智投资的原则——它们只是在你感到恐惧或贪婪的时刻被废弃了。心理学家兼交易教练布雷特·斯蒂恩博格（Brett Steenbarger）说得好："……情绪对交易的主要影响是对原则的破坏……在亢奋的状态下，他们（交易员）会过于关注自己而漠视一切原则。他们并不是在情绪操纵下单单怀疑自己的原则，而是干脆忘记了。"[20] 无论多么聪明，情绪化的投资者对他自己和他的原则都是陌生的。

管理情绪的十个快速提示

情绪会影响我们对一切事物的感知,包括时间、风险和合理的价格。以下是一些控制情绪的实用建议。

(1)进行高强度的锻炼。

(2)重新定义问题。

(3)限制咖啡因和酒精的摄入量。

(4)与朋友交谈。

(5)不要马上做出反应。

(6)转移注意力。

(7)标记你的情绪。

(8)写下你的想法和感受。

(9)挑战灾难性的想法。

(10)控制一切可能的方面。

故事时间

你可能因为很多理由而对一只股票感到兴奋。可能是你个人雇用的服务公司或使用的产品,可能是无意中在鸡尾酒会上听到一位朋友推荐股票,或者你想在下一个大事件到来前占尽先机。不管让你兴奋的原因是什么,很可能你期待这个故事的结局是:"变得非常富有,从此过上了幸福的生活。"故事绕开了理智,跳过大脑,直奔内心。因此,故事也是行为投资者的敌人。

想想看,你会花多少钱购买一只过时的 20 世纪 80 年代风格的亮片手套,我敢打赌你不舍得花太多。但如果我告诉你手套是迈克尔·杰克逊戴过的，你会付多少钱？这个故事的背景会完全改变你评价这只手套的方式。用这种方式购买一个20世纪80年代的古董时并不危险，但在购买股票时这样做非常危险。

作家罗布·沃克（Rob Walker）和乔舒亚·格伦（Joshua Glenn）理解故事的力量，并进行了一种社会实验，他们称之为"重要对象项目"。这是为了检验他们的假设，即"故事把符号变成了意义"。沃克和格伦拿出100件卖主在自家车库里出售的物品，让他们的作家朋友给每一件物品虚构了一个背景故事。这些物品的总价不到130美元，但它们最后以超过3600美元的价格在eBay上被卖了出去。是的，故事的力量促使eBay用户为一只二手烤箱手套支付了52美元。

最能充分体现故事力量的莫过于首次公开募股（IPO）。IPO在本质上是新兴行业的新起之秀在大看涨的时候进行上市融资。故事的力量、情感和对错过的恐惧结合在一起，使得IPO对专业投资者和散户投资者都极具吸引力。那么，所有这些兴奋是如何影响大众的投资的呢？

Cogliati、Paleari和Vismara的《IPO定价：发行价格暗示的增长率》（*IPO Pricing: Growth Rates Implied in Offer Prices*）中显示，在美国，企业IPO之后的头3年，股价平均表现比市场基准低21%。[21]尽管表现如此糟糕，但我们不认为对IPO的需求在将来会减弱。毕竟，故事总会有的。

情绪投资所带来的问题有很多，但也许其造成的主要损害是它在时间范围上打乱了我们的计划。冷静的头脑告诉我们要长期坚持一个计划，但是情绪告诉我们"现在就要"。普林斯顿大学的4名心理学家通过对参与者的大脑进行扫描来证实这一点，参与者们有两种选择：现在就获得一张 15 美元的亚马逊礼品卡，或者两周后获得一张 20 美元的亚马逊礼品卡。研究表明：

> ……现在就有可能获得 15 美元的礼品卡，在大多数参与者的大脑边缘区域引起了一系列不同寻常的刺激——这个边缘区域主要负责我们的情感生活，以及记忆的形成。心理学家发现，参与者对某件事的情绪越激动，他们就越有可能选择立即满足的方案，而不是延迟满足的替代方案。[22]

的确，一个兴奋的投资者是一个不耐烦的投资者，而一个不耐烦的投资者是一个将要破产的投资者。

在生活的大多数领域中，情绪起着重要的作用，应该被重视。情绪帮助我们与所爱的人产生共鸣，推动我们在这个世界上做好事，并引导我们抵达生命中最充实的时刻。但作为现实生活和华尔街的疯狂世界差别的另一个例子，情绪因素应该被从投资决策中彻底摒弃，大笑、痛哭、喜爱和愤怒——不应该出现在这里。

行为校准模型

思考："情绪使我罔顾常识。"

提问："这个决定是被恐惧还是贪婪激发的？"

行动：建立一个小额的投资账户（大概占你总财富的 3%）来进行各种试验，要注意将这个账户与你的长期投资分开。

原则 5

你只是个普通人

> 你没什么特别的。你并不是一片美丽而独特的雪花，你只是一个同样易腐朽的有机物集合，跟其他人一样。
> ——强克·帕拉纽克，《搏击俱乐部》

我不喜欢与处在热恋中的病人打交道。也许是因为嫉妒——我也渴望为爱着魔。当然也许是因为爱情和心理治疗根本不相容。好的治疗师与黑暗做斗争来寻求光明，爱情则是靠神秘来维持，一经检验就会崩塌，我不喜欢做爱情的刽子手。

以上是斯坦福大学教授欧文·亚隆（Irvin Yalom）博士的话，这位心理医生过去50年来写过一些不错的心理学书籍。虽然亚隆的原话只涉及在治疗中与浪漫爱情的关系，但我一眼就看出它在资本市场上同样适用。就像心理治疗是在寻求个人的顿悟，好的投资方法也是为了让我们克服对个人独特性的执念，即忽略了一切概率论而偏执于模糊的信念:"原则于我并不适用。"

没有异禀的天赋的投资者只能依赖原则和系统——它们能帮你达成目标并获得回报。如果投资者始终认为自己高人一等,偏执地相信规律总是偏向自己,他必将为自己的傲慢付出高昂的代价。正如亚隆充当"爱情的刽子手"去激发被治疗者真正的内省,作为投资者的你也必须无情地摧毁自负感,来得到非凡的投资回报。作家詹姆斯·奥肖内西(James P. O'Shaughnessy)说:"成功投资的关键是要认识到,我们和其他任何人一样容易受到行为偏差的严重影响。"[23]

我们的自豪感植根于少数几个已知的认知错误,包括对个人例外的执念,也就是过度自信偏见,以及获得成功和逃避不幸的偏好,即基本归因错误。詹姆斯·蒙蒂埃(James Montier)在一份研究报告里说,超过95%的人认为自己比一般人更具幽默感。[24] 彼得斯和沃特曼在他们的著作《追求卓越》(In Search of Excellence)中说,100%的男性认为自己的个人交际能力高于平均水平,而94%的男性觉得自己的运动能力高于平均水平。[25]

在世界范围内,美国高中生的数学成绩处于中等水平。然而当这些学生被问到他们对自己的数学能力感觉如何时,他们认为自己居于世界领先地位。CNBC的乔希·布朗(Josh Brown)在谈到这项研究时指出:"虽然一般情况下,人们可能会说一些大话,但平庸的数学能力与过度的自信的结合却与今天投资世界的混乱非常相关。"[26] 个人例外的执念使我们忽视潜在的危险,偏离个人熟悉的领域去过度押宝股票头寸。而华尔街的疯狂世界的规则之一是,承认自己的平庸是进行优秀投资的必要条件。

如果问题的范围仅限于男性对其体育能力的过度自信，这倒不是什么大不了的事情。但无论是新手投资者还是专业投资者，都明显存在过度自信的危险。迈尔·斯塔特曼在 *What Investors Really Want* 一书中写道：

> 在 2000 年 2 月股票市场的巅峰时期，盖洛普调查了个人投资者，结果显示他们预期股市在接下来的 12 个月内能够带来 13.3% 的回报。但是，平均来说，他们预期自己的投资组合能实现 15.5% 的回报……美国个人投资者协会的成员也高估了他们自己的投资回报，比他们的实际回报平均高出 3.4 个百分点，并且他们高估了自己相对于普通投资者的回报，达 5.1 个百分点。

正如斯塔特曼所指出的，投资者的过度自信建立在一个绝对和一个相对的基础上。要知道在 2000 年年初，无论按照哪种合理的衡量标准，股票价格已经达到美国股市历史上的巅峰。希望在一个已经是天文数字的基础上再获得 1.5 倍的回报，这绝对是一种过度自信，而期待在此过程中继续击败其他所有人更是得寸进尺。

前面提到过蒙蒂埃的基本归因错误指的是：人们在进行自我批评时通常会综合考虑前因后果，但在批评他人时不会有同样的宽容。相反，他们会非常原始和直接。比如，早上开车上班的路上，你可能会冲别的犯错误的司机大喊大叫："看着点路！"如果犯错误的是你，你可能会把自己开车时犯的错误归因于早晨没有喝第二杯咖啡。当你对待别人不友好时，你认为是因为今天天气很糟糕。当别人对你不友好时，你却认为他们是坏心肠的人——他们本质上就是这样的坏人!

这种把成功归因于自己,而把失败归咎于别人的倾向导致了我们将投资成功视为个人技能,从而剥夺了我们从历史中学习的任何机会。当你的股票上涨时,你认为自己是个投资天才。当你的股票下跌时,你认为是因为外部环境不好。结果你什么也没学到。当传奇投资者杰里米·格兰瑟姆(Jeremy Grantham)被问到投资者可以从大衰退中学到什么时,他回答说:"短期内可以学到很多,在中期可以学到一点,从长远来看,人们什么都不会学到。历史上一直以来都是这样。"[27] 自我反省能拯救我们自己,让我们能够从历史中吸取教训,而傲慢却阻止我们自我反省。

减轻负面影响

沃伦·巴菲特关于投资的第一条法则是"不要亏损",第二条法则是"千万不要忘记第一条法则"。明智的投资者一直以来都明白这样一个简单的事实:虽然采取进攻策略能上新闻头条,但保持防守态势能让你夺冠。基本归因错误的最大危险不是它让我们因为获得好处而感到自满,而是它让我们对不利因素漠不关心。过于强调自己的个人例外会使我们低估负面因素,这肯定会导致投资决策中的灾难。

库克学院进行了一项研究,要求人们对一些正面事件(如中彩票、找到终身伴侣等)和负面事件(如死于癌症、离婚等)发生在自己身上的可能性进行打分。结果不出所料——参与者高估了积极事件发生的可能性达15%,低估了负面事件发生的可能性达20%。同样,希瑟·林奇(Heather Lench)和彼得·蒂托(Peter Ditto)进行了一项研究，他们向参与者展示了 6 个积极和 6 个消极的生活事件，以及这些事件在一般人群中的发生概率。被调查者的回答脱离实际，认为 6 个积极的生活事件中有 4.75 个可能会发生在他们身上，但只有 2.4 个消极的生活事件可能会发生在他们身上。

这告诉我们，我们倾向于认为好事总是发生在自己身上，而危险总发生在别人身上。我们总是觉得中彩票的是我，死于癌症的是他人；我们会从此幸福地生活在一起，他们可能会很快离婚；其他人在选择股票时需要遵守原则，但我可以只靠直觉；我们知道糟糕的事情会发生，但为了过上幸福的生活，我们倾向于抽象地预测所有事情。

总是认为自己是例外的，这对风险管理的坏处是显而易见的——如果以此来做出决定，我们很可能会忽略潜在的风险。简单地说，如果认为股票上涨是"我的特权"，而亏损只会是其他那些蠢货应得的，我们就注定要犯错。在这一点上，J.K. 加尔布雷思说得比我要好："正如人们长期以来所说的那样，愚蠢的人迟早会输光他们的钱。因此，那些对乐观的表象欢欣鼓舞的人、对自己的财务洞察力深感自负的人，几百年前是这样，未来也会一如既往。"[28]

在古罗马时代，凯旋的军事领袖会在大街上游行并接受民众的欢呼，有点类似今天明星投资经理在大会上或者通过 24 小时在线的商业网络接受人们的欢呼。但有一点，罗马的将军们做的要比现代华尔街的武士们好，那时候有一种旨在提醒将军们不要狂妄自大的仪式。在同一辆战车上，在将军的后面安置了一个奴隶，他唯一的责任是提醒将军"总有一天你也会死"，以此作为对将军可能出现的傲慢自大（这种傲慢会导致失败）的一种警醒。即使在将军最光荣的一天，罗马人也用这种方式提醒征服者在未来某一天，他会遭遇厄运。

为我们的财务上的成功喝彩是很自然的事。但是，即使在我们庆祝的时候，也应该像罗马人一样，清醒地认识到我们自身的不完美和命运的无常，时刻提醒自己，就像有个奴隶在你背后提醒："小心你的背后，记住你只是个凡人。"

行为校准模型

思考： "我并不比其他投资者更聪明或更自律。"

提问： "如果这是一个绝妙的投资机会，为什么别人要放弃它？"

行动： 要听从你的顾问的建议，严格遵守你制订的投资计划，不要盲目自大冲动行事。

原则 6

专注于自己的需求

所谓的有钱人,指的是那些资产比他的连襟多 100 美元的人。

——H. L. 门肯

镜子,镜子

欠。

打哈欠。

打哈哈哈哈哈哈哈欠。

读完上面几行你会打哈欠吗?我把这些词写了三遍后,就忍不住想要打哈欠。这是什么道理?这一例子的背后原理是科学家所称的镜像神经元——在做出某一行动和在观察到同一行动时都会触发同样的神经元。[29]

在意大利的帕尔马一个名不见经传的研究所里最早发现了镜像神

经元，当时那里的科学家正在研究猕猴的大脑，以了解大脑是如何驱动运动行为的。如马丁·林德斯特伦（Martin Lindstrom）所说，科学家很快发现了一些与最初的设想不一致的地方。"他们观察到猕猴的前运动神经元区域不仅在猕猴拿到坚果的时候会在屏幕上发光，在它们看到其他猕猴伸手拿坚果时也会发光。"所以不管是猕猴自己做的动作，还是仅仅是观察到他人的动作，其对大脑产生的影响是相同的。

在一个闷热的下午，当团队中的一名研究人员带着冰激凌进入实验室时，其中一只猕猴恰巧还连接在监测器上，它贪婪地盯着那只冰激凌。当研究人员舔冰激凌的时候，猕猴的前运动区域开始发亮，"它没有移动手臂，也没有舔冰激凌，它甚至没有拿任何东西。但是，通过观察这名研究人员把冰激凌放到嘴里，猕猴的大脑在精神上的反应与手握冰激凌时相同"。[30]

一个人的聚会

为什么你看了一部悲伤的电影会哭泣，看到别人吃着令人作呕的东西感到恶心，或者看到一个拿着电锯的人在湖边的房子里撞到一群大学生时会惊恐地闭上眼睛。镜像神经元就是这一切背后的原因，是所谓的"打开礼物盒"视频存在的原因。看着别人打开礼物盒拿出新的游戏机或昂贵的玩具的时候自己好像也打开了同样的礼物盒，很快乐。想应用这个技巧吗？下次等你孩子过生日的时候，给他们看一段别的孩子打开礼物包装的视频，告诉他们说克罗斯比博士认为这和自己收到礼物并打开的感觉是一样的。

社交模仿的力量当然是有益的——我们可能会陪着一个刚失去父

母的朋友一起哭泣，但这种力量也会被用来操纵我们的行为。想想那些情景喜剧里的背景笑声。如果我们对数以千计的本书的读者进行一次民意调查，估计没有人会说："我喜欢情景喜剧中的背景笑声。"这种笑声既老套、令人讨厌，又非常生硬，而且听起来也不真实。

如果这种背景笑声如此不受欢迎，为什么好莱坞的编导还在继续使用它们？因为这些编导明白一些我们可能不知道的东西：不管这种笑声多么令人讨厌，它为观众提供了有价值的社交线索。研究一再表明，背景笑声会让观众笑得更长、更大声，并更容易给出高分的观看评价。[31]事实上，背景笑声被证明能最有效地提高对不怎么幽默的笑话的评价！就像是程序化的工作，我们被引导去跟随别人做正在做的事情，即使他们只存在于背景配乐中。

社交模仿随处可见。乞丐通常会事先放一点小钱在他的乞讨罐里，以表明施舍他们是一种恰当的行为，因为已经有人证明了这一点。一个没有放钱在乞讨用的帽子里的乞丐也许更需要 1 美元，但比起已经放了 3 美元在帽子里的乞丐，这位没有放钱的乞丐得到那 1 美元的可能性要小得多。

消除儿童恐惧感最有效的方法之一是让这些恐惧者观察其他儿童做那些让他们害怕的行为。一项研究显示，67% 怕狗的儿童在一周内就被这种方法"治愈"了。[32]即使是像自杀这样严重的事情，也会引起社交模仿。加利福尼亚大学圣迭戈分校的大卫·菲利普斯（David Phillips）博士发现："每次报纸头版报道自杀事件之后的两个月内，自杀的人数平均增加 58 人。"[33]无论欢笑还是哭泣，抑或是生死攸关的事情，周围人的行为的传染性比我们想象的要强得多。

镜像神经元和大脑的其他机制共同作用，带来了宝贵的同情心，这能促进人际关系，是让人们紧密团结的宝贵资源。虽然我们可能没有经历过完全相同的欢乐和悲伤，但我们可以间接地体验彼此的情感，来相互安慰、彼此支持以及分享喜悦。

但是，回到本书的主题，这个让我们紧密团结和有难同当的机制应用在投资领域中却会起到负面作用，它让我们更关心能否和他人保持一致，而不是专注于自己的需求。正如贾森·茨威格（Jason Zweig）所说："投资并不是在别人的游戏中打败别人，而是在你自己的游戏中做好自己。"[34]

记录得分

在大多数人类努力开展的活动中，记录得分通常是我们衡量工作结果的方法，这没什么特别。毕竟，一场没有记分板的体育比赛可能是很好的娱乐，但看起来会很无聊。然而，当我们考虑设置一个记分板的时候，我们需要确保它既对我们个人有意义，同时又符合比赛规则。

对大多数投资者来说，记录得分意味着陷入普罗克汝斯忒斯式的谬误（Procrustean fallacy），即将自己的回报率与市场基准（比如标准普尔500指数）进行比较。在希腊神话中，普罗克汝斯忒斯是一家旅馆的店主，他的店里的床只有一个尺寸。为了确保旅客和床的大小相匹配，他会截短那些长手长脚的旅客的四肢，或者拉长那些手脚短小的旅客的四肢。同样，投资者也会以市场指数为衡量标准，来"截短"或者"拉长"他们的风险偏好、个人价值和回报预期，而不是根据自己的需要定制一个标准。

根据自身的需求来定制自己的一套衡量标准，除了直观的好处，还能带来许多心理上的益处，可以让我们成为更好的投资者。根据个人需求来衡量业绩，而不是用一个指数来衡量，可以保证我们在市场波动时期继续投资，或者提高储蓄比例，并让我们维持长远的眼光。

以个人需求定制标准的行业术语即是所谓"基于目标的投资"。虽然每一家资产管理公司都有自己的做法，但它们有一个共同点，就是先确定好个人的回报需求，再将投资分成几个与目标相对应的阶段。SEI 投资公司是第一批推出这种服务的基金公司之一，并且推出的时间恰巧在 2008 年金融危机爆发之前（至少对我这样的研究人员来说是一件好事）。这个巧合让我们可以在广泛的市场范围内，将这种基于目标的投资与传统财富管理方法进行比较。正如我在《个人指标》(*Personal Benchmark*，与 Brinker Capital 的创始人查克·威格合著) 中所写的，研究人员发现这两者之间的区别如下：

持有单一传统投资组合的客户（在金融危机到来时）：
- 50% 的人选择完全清算他们的投资组合，或者至少是清算组合中的股票权重，即使是那些没有紧迫现金需求的高净值人士也会这样做；
- 10% 的人改变了他们的股票在资产配置中的权重，减少了 25% 甚至更多。

而那些以基于目标的投资为策略的客户（在金融危机到来时）：

- 75% 的人没有做任何改变；
- 20% 的人决定扩大其随时可变现的规模，但继续持有全部长期资产。

正如 SEI 投资公司的梅利莎·雷耶（Melissa Rayer）总结的那样，重要发现是，"基于目标投资的人不太可能惊慌失措，也不会轻易对他们的投资组合做出不合适的改变"。[35] 从持有单一传统投资组合的客户的角度来看，2008 年是可怕的一年。他们会看到自己的总财富减少了将近一半，他们没有将投资区分为长期或者短期的需求。难怪 SEI 的调查中 60% 的这类投资者纷纷出手，大幅减持他们的头寸！

另外，基于目标投资的人会意识到，他的某些目标将完全不受危机的影响。由于大多数基于目标投资的方法也包括一个短期的"安全"桶，因此投资者也可以由此获得度过风暴所需的心灵平静。虽然这是一种有深远影响力的方法，但是基于目标的投资本身并不复杂。我们只需将我们的资产分成不同的部分，并按照不同目的给它们贴上标签，然后我们就能持有合理的预期来忽略波动，关注那些最重要的东西。

除了与短视主义做斗争外，个人化的衡量标准还可以利用心理学家所说的"心理账户"的力量。心理账户是一种模式，指的是我们构建一个问题（或一个账户）的方式与我们将对其如何反应有很大关系。例如，《纽约时报》和哥伦比亚广播公司在针对"不许问，不许说"⊖ 的立法议题的民意调查中，以两种不同的方法进行调查得到了截然不

⊖ "Don't Ask, Don't Tell"，是一条为回避美国军队中同性恋的敏感话题的规定。1993 年，时任美国总统克林顿定下这条规定，禁止军中谈论这一话题，更不许相关的人员主动公开自己的身份。——译者注

同的结果。[36] 第 1 个问题是,"男同性恋和女同性恋"是否应该被允许在军队中公开自己的身份,79% 的民主党人对此表示支持。第 2 个问题是,受访者是否支持"公开自己的身份参军的同性恋者",只有 43% 的民主党人对此表示支持。

同样,研究表明,人们倾向于把因商品折扣而省下的钱存起来,而把以奖金形式获得的钱花掉。因此,美国总统贝拉克·奥巴马(Barack Obama)和擅长行为经济学的顾问,出台了以奖励为手段的经济刺激方案,奖励那些把钱用于购买大屏幕电视而不是存起来的人。给你的钱贴上标签将决定你如何处理这笔钱:花掉还是存起来。这就很类似基于目标的投资的逻辑。

想一想乔治·洛文斯坦(George Loewenstein)的话:"从精神方面来看,把钱存入不同的账户的过程通常与不同目的相关,有点类似专项拨款。虽然这似乎是一个简单的手段,但可能会对退休储蓄产生巨大的影响。Cheema 和 Soman 发现,低收入父母如果在存放指定存款的信封上贴上一张子女的照片,他们能存下的钱相当于原来的两倍。"[37]

马斯洛发现,我们有多层次的需求,更高层次的需求取决于低层次的安全、食物和住所需求能否得到满足。同样,在我们能够关注更高层次的金融目标之前(比如能否留下一大笔遗产),需要满足那些急迫的金融安全需求。本概念如图 1-2 所示。

根据投资所要满足的需求,给不同的投资贴上不同的标签,这可以帮助我们管理自己的行为,并为不同的投资设置合理的回报预期。更重要的是,这种有意识的分类方式可以帮助人们做到把今天的钱留到明天,而这个行为原本是很痛苦的。谁会想到,简单地分门别类,你的钱就能起到这么大的作用!

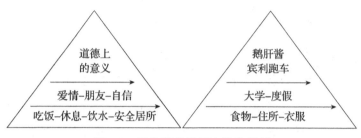

图 1-2 财务需求的层次结构举例

人类的疯狂

我做过的最自豪的工作之一是与查克·威格和 Brinker Capital 一起合作创建基于目标的投资平台,以及建立个人衡量标准。查克是个性化方法的长期拥护者,他多年来的观察给我的研究带来一些科学的结论:最好的投资者忽视了外界市场波动,专注于获得他们想要的、生活所需的回报。

虽然个人衡量标准是凭直觉得出的,但我们仍然需要面对一些深层次的行为趋势。作为一个普通人,我们通常更感兴趣的是如何比别人更好,而不是我们自己如何变得更好。这种"水桶里的螃蟹"心态解释了迈尔·斯塔特曼的研究。他发现,人们更愿意在一个平均工资为 25 000 美元的社区里挣 50 000 美元,而不是在一个平均工资为 250 000 美元的社区里挣 100 000 美元。通过我与 Brinker Capital 的合作,我们发现,只有让客户专注于自己的价值观、信念和梦想,他们才能克服那种比较心理。建立这种价值观需要顾问和客户之间进行深入的对话，这种对话非常有意义，能带来行为管理和财务回报上的双重好处。

对那些坚持相互比较而非个人化的衡量标准的人来说，艾萨克·牛顿爵士的故事是一个有用的警示。与一些在死后才被承认的伟大的思想家不同，牛顿爵士在他的时代就誉满天下，并且获得了可观的财富收益。为了让他的财富更上一层楼，牛顿投资了一家名为"南海公司"（South Sea Company）的英国股份公司，这是一家旨在减少国家债务的公私合营公司。

英国政府给予了南海公司与南美贸易的特权，而实际上这个大陆当时已经完全被西班牙控制。投机者们完全忽视了这种"垄断"实际上毫无价值，炒作南海公司的股票价格。牛顿也因此变得更富有了，然后拿着本金和收益退出了市场。但当牛顿早早离场的时候，他的许多朋友（远没有那么聪明）看到股票继续飙升而选择继续持有。

尽管牛顿已经安全了，但由于他无法忍受他的朋友和邻居的财富超过了自己，于是不久后重新买进了处在泡沫顶端的股票，直到股价开始暴跌。艾萨克·牛顿爵士是一位天才科学家，但在其他方面和普通人一样。事后他说了一句名言："我能计算恒星的运动，却算不出人类的疯狂。"

记录得分是自然而然的事情，但也不是在所有的情况下都适合这么做。设置与自己无关的衡量标准不能反映我们的价值和需求。相反，应该更多地把自己最珍视的价值观注入到投资流程中，这样才能够为自己挣得所需要的回报，保持我们的长期投资目标不变的同时，让我们在短期内也相当安全。

正如我在《个人指标》中所写的:

> 当投资过程与它所服务的更大的目标脱钩时,它就会变得非常艰难。即使是看似微小的投资决策,如果从某种合适的角度来看,也会有自己的活力和生命力。也许做投资决策永远不会是你早上起床的原因,但无论什么原因能让你起床,这个原因都应该成为你做出决定的最重要的一环。

行为校准模型

思考:"不要操心外界的经济情况,要关心你自己的经济情况。"

提问:"这个消息对我有什么特殊影响吗?"

行动:把你的资产分成不同部分加以区别对待,这对你实现远大抱负和长期财务目标都很有帮助。

原则 7

不要轻易相信预测

> 智者不博,博者不智。
> ——老子

不够优秀的精灵

想象一下,现在你是一位考古学家,你在考察一片土地,据说这里曾经居住着一个拥有魔法力量的神秘种族。你来到这里是为了发掘他们神奇魔法的遗迹,同时作为一个怀疑论者,你打算要证明这种对超自然的痴迷完全是无稽之谈。

在小心翼翼地挖掘古遗址的过程中,你发现了一盏灯。作为 20 世纪 90 年代迪士尼电影《阿拉丁》的粉丝,你决定也去擦一下它。让你意想不到的是,一个精灵真的出现了。但遗憾的是,他告诉你,他不是那种"可以满足你任何三个愿望"的精灵,而是"只能给你两个选项让你二选一"的精灵。你的运气还行,你的怀疑论世界观被打破了,并且你得到了一个不那么优秀的精灵。

不过没有关系，一个愿望也是愿望，你开始询问两个选项是什么。精灵告诉你，选项一是在你的余生每年都能给你 30 000 美元，选项二是保证每天都能给你 30 分钟散步的自由时间。奇怪的选项，不是吗？但是你认为哪一个会给你带来更多的幸福感呢？

如果你和大多数人一样（当然也包括我），你会选择钱。可是，我不得不说，虽然说每年能拿到 30 000 美元可以做很多事情，但是研究表明，即使我们的大脑告诉我们钱很重要，但是实际上有规律的锻炼更能提高我们的幸福感和生活质量。[38]

我们怎么会在这么简单的问题上出现误判呢？毕竟，我们经常与金钱打交道，又坚持规律性地散步。难道我们不应该早就很好地理解它们对我们幸福感的影响吗？这个问题反映出我们擅长预测那些会导致身体疼痛（例如，被人打在脸上）或导致身体愉悦（例如，食物和性）的现实事件，但是不擅长预测一件事情的心理效用。

丹·吉尔伯特（Dan Gilbert）在他的 TED 演讲中分享了他的敏锐观察，他说之所以没有肝脏口味或者洋葱口味的冰激凌，并不是因为曾经有一个专门小组制定了什么关于冰激凌的原则，而是因为直觉告诉了我们，这两种口味的冰激凌会让我们感到奇怪，进而引起不适。[39] 然而，从心理上来说我们也可能陷入一系列认知扭曲，导致我们误判那些能给我们带来欢乐和悲伤的东西。如果这些认知扭曲在个人熟悉的领域中都能造成预测失误，那么在像股票市场这样充满了更多动态的人类行为的领域中，做出准确预测几乎是不可能的。引用纳西姆·塔勒布（Nassim Taleb）的话说："根据历史事实，我们在政治和经济领域中准确预测重大事件的记录不是接近于零，而就是零。"[40]

也许集体智慧在预测类似塔勒布研究的黑天鹅事件上并没有什么帮助，但在一般较简单的金融预测方面的表现又如何呢？这件事情很重要，因为詹姆斯·蒙蒂埃估计有80%～90%的投资经理都是基于某种预测的模型做出决策的。[41]

著名的投资者詹姆斯·奥肖内西这样描述这一过程："最常见的做法是，一个人主要依靠个人的知识、经验和常识，在头脑中推演各种可能的结果，然后做出决定。这是众所周知的诊所式的直觉方法，是大多数传统的基金经理做出选择的方式……这种判断依赖于预言家的洞察力。"[42]这句话乍一听，没什么问题，但是你应该意识到我们依靠的是"预言家的洞察力"，可是实际上人们从来就没有什么洞察力。

逆向投资者大卫·德莱曼（David Dreman）发现，华尔街大多数（59%）的"有共识的"预测都因差距太大而变得毫无参考价值——与实际结果的差距高达15%。[43]德莱曼进一步分析了1973～1993年接近80 000次的预测数据，发现只有1/170的预测与实际结果的误差在5%以内。[44]

詹姆斯·蒙蒂埃在他的《行为投资学手册》(*Little Book of Behavioral Investing*) 中也提到了预测的难度。2000年，平均预期股票将上涨37%，最终股票上涨了16%；2008年，平均预期股票将上涨28%，结果反而是市场下跌了40%。在2000～2008年的9年时间里，有4年分析师甚至在股价涨跌的方向上出现了错误。哈佛大学的迈克尔·桑德瑞托（Michael Sandretto）和麻省理工学院的苏蒂尔·米克瑞希纳姆（Sudhir Milkrishnamurthi）研究了分析师对1000家公司的1年期的预测。他们发现，分析师们的预测一直不一致，平均每年误差为

31.3%。[45] 这项研究明确了这一点，即预测并不发挥作用。作为推论，基于预测进行投资也是危险的。

自信的无能为力

你可能会认为关于预测的坏消息已经够多了。但还不够，预测者不仅在整体上表现不佳，而且对于每个投资者来说，最糟糕的预测者偏偏是那些投资者最为关注的人。加州大学洛杉矶分校（UCLA）的菲利普·泰特洛克（Philip Tetlock）对迄今为止的专家预测进行了非常详尽的研究，他研究了 300 名专家在 25 年内进行的 82 000 次预测。你可能无法想象这项研究的最终发现——"专家"预测的准确度甚至低于抛硬币。泰特洛克还有更多的发现：一个专家越自信，他的预言就越糟；一个专家越有名，他的预测平均准确度就越差。只有在华尔街的疯狂世界里，我们才会看到这一幕：自以为是的专家们总是愚蠢的，著名的思想领袖们是荒谬绝伦的。

让我们花点时间来思考一下，在金融预测的世界里，为什么信任和名声是被如此颠倒的。想想一位明星预测家该有的背景：从哈佛大学获得金融工程博士学位之后，又取得了注册金融分析师这一来之不易的资格证书，然后在高盛公司工作并一直表现优异。就算命运不如此安排，凭借着她的才华，她也可以成为一位马拉松运动员、钢琴家，或者星级厨师之类的成功人士。

平心而论，大多数金融专家都是既聪明又富有的成功人士，并且习惯于按自己的方式行事。一个人获得如此的权威后，很容易变得胆大妄为。正如布赖恩·波特诺伊博士所说，"……正是因为他们在特定领域中知识沉淀丰厚——所以他们热衷于大胆预测"。但是这种大胆导致了傲慢，把恶果带给了那些听从他们的建议的人。[46]

当泰特洛克的"专家"被要求给可信度打分时，那些声称有超过80%的可信度的人，其预测结果的准确率仍然低于一半。[47]最糟糕的是，当告知他们的错误时，预测者有一套准备好的借口（例如，"现在下结论还为时过早"），这种态度对提高他们未来的预测率毫无帮助。

过度自信似乎妨碍了做出有效的预测，但我们要怎样看待泰特洛克发现的这一现象：最著名专家的预测反而是最不准确的？考虑到有限的市场预测者人数和预测结果范围，这些最著名的专家肯定有机会做出正确的预测，但为什么偏偏他们的预测与正确结果有3个标准差那么大的距离？通常情况下，这些大偏差的预测都是由那些"多头"或者"空头"发出的，他们通常永远不会改变观点。比如那些把2008年"称作"经济危机之年的人实际上每一年都会声称当年是经济危机之年，就像俗话说的，"一个停摆的破钟都比任何一个金融预言家好，因为至少它每天能正确两次"。

尽管如此，财经媒体还总是在寻找一个乐于发出惊人预言的先知，并从此跟随他。自从把召唤黑天鹅当作事业之后（如你所猜的那样），最近很多市场先知都是如此，不停地做出大胆预测，这些预测通常是他们赖以出名的招牌口号。这里的问题有两个：真实的市场往往相当复杂，上一次危机的起因往往与下一次危机的种子没有什么共同之处。那些最著名的专家总是放不下上一场战争中的精彩之处，喜欢在平庸的时代发出戏剧性的呼吁，从而使他们在最终回报上的表现甚至低于他们那些不出名的比较谦逊的同行。

反常的激励

我们现在知道,金融预测是一种徒劳的行为,越是名声显赫,越是自信,结果只会越糟。但如果要想出一个替代方案,我们就必须先研究那些使得预测如此困难的结构性障碍。其中最重要的一点是,准确的预测不会带给华尔街分析师任何报酬,而不准的预测反而会带来好处。

达特茅斯教授肯特·沃麦克(Kent L. Womack)发现,20世纪90年代初,一只股票在得到一个"卖出"建议的同时,会得到大约6条"买入"建议。但到21世纪初,这一比率已飙升至每一个"卖出"建议对50条"买入"建议。[48] 分析师没有警告投资者要提防股价不断上涨而累积的风险,反而为了自身的利益,不断对科技股泡沫推波助澜。

Cusatis 和 Woolridge 发现,近 1/3 公司的长期收益为负值,这意味着分析师在任何时间内都应该对约 1/3 的股票发出"卖出"建议。而在现实中,分析师们因为预测到负收益而发出"卖出"建议的概率仅为 0.17%。[49]

如果这种整体上的乐观仅仅是由于人类的脆弱心理,它也许会被原谅。不幸的是,这种极端推荐购买的行为是有人刻意而为的。因为预测本身非常困难,所以华尔街分析师很难因预测到准确的结果而得到奖励。乔尔·格林布拉特(Joel Greenblatt)解释了这个过程:

> 对研究分析师来说,另一个职业陷阱是:分析师通常只是从只言片语中得出对一家公司的分析。而对于真正有用的

信息，公司内幕人士或者投资者关系人员只可能告诉更"合作"的分析师。绝大多数分析师的报酬不是直接由客户支付的。这些分析师提出研究建议和报告，公司的股票经纪人兜售这些报告里写到的股票以换取佣金。所以长期以来，分析师具有压倒性的动机去发布"购买"建议。[50]

总结一下：分析师本应以适当的方式冷静地发布买入和卖出建议，但他们的公司只能从客户的"买入"中获利，而在客户的"卖出"中一无所获。此外，如果分析师不合作，被分析的公司可能会隐瞒真实的信息。想象一下，这就像一个气象预报员同时又经营雨伞生意，或者棒球裁判被允许在他执法的比赛上下注。

近100年前，艾尔弗雷德·考尔斯（Alfred Cowles）对金融预测的有效性进行了首次研究，研究的标题很直接："股市预测家能准确预测吗？"他的研究结果显示，只有1/3的预报员能做好他们的预测，衡量标准为：选出一只股票，它能在5年内战胜市场平均收益。[51] 考尔斯说："预测未来本来就是困难的，预测多种变量作用下的未来更加困难，而预测其他专业投资者如何应对更是难上加难。"[52]

从考尔斯的时代到今天，人们变得越来越自大且傲慢，市场的激励方式变得越来越复杂。在我看来，整个华尔街的"预测工业综合体"可以继续下去，而且个人投资者对此也越来越适应。那么，面对这样的情况，我们为何还要继续聆听和思考呢？

学会独立分析

本杰明·格雷厄姆说："几乎每个对股票感兴趣的人都想聆听别

人对市场的看法。需求就在那里，所以就有人来满足它。"[53] 但这不仅仅是一个被供需关系误导的案例。事实上，我们的大脑渴望一种非常特殊的预测方式。在身体各器官的新陈代谢需求中，大脑是最贪婪的，它狼吞虎咽地消耗了 20% 的能量供给。而人类身体本身类似一台精密的电子机器，总是在寻找节约能源的方法，其中降低大脑能耗是最有效的方法。

MRI 的研究表明，人们在倾听金融专家的意见时会关闭大脑的一些功能。这种认知上的休息对于降低身体能耗来说是可取的，但对赚钱却是有害的。在研究中，科学家检测了大脑在进行各种不同财务决策时的活动。当参与者聆听金融专家的想法时，他们大脑中与高阶推理相关的部分就不那么活跃了。

具体一点地说，当你开始听吉姆·克拉默（Jim Cramer）的话时，你就会停止思考。就像一位自行车选手为了节约体能而紧紧跟随对手，为最后冲刺做准备，大脑也会被他人的想法所吸引，从而进入节能模式。

令人不快的是，你被他人讲的故事洗脑，把自己辛苦挣来的钱置于危险之中。这些故事利用人类的非理性来操纵他人。阿莫斯·特沃斯基（Amos Tversky）观察到了更可怕的事情，他说："不知道某件事的真相是令人恐惧的，但更可怕的是，你认为世界是由那些自信无所不知的人来管理的。"一方面，假设股市中没法发现任何有用的东西可以帮你获得概率优势，那就是不切实际的虚无主义；另一方面，假设有某个人非常博学，无所不知，能准确地预测未来，那就是不切实际的乐观主义。

针对以上两种假设，你可以选择一种中庸的态度——谨慎地避开对未来不切实际的猜测，依靠系统而不是带偏见的人类判断，并充分尊重多样化，始终保持一种谦逊的态度。这种方法可以总结为："我可能知道一些事情，但我永远不知道所有事情。"这种方法可以让你挣一点钱，但它永远不会让你登上 CNBC 接受采访。正如你在本章中所了解到的那样，世界上可能没有能预言未来的水晶球，但你总可以找到未来形势的蛛丝马迹。

行为校准模型

思考："这个人绝没有先见之明。这个人绝没有先见之明。这个人绝没有先见之明。"

提问："这个预测是基于概率的、可测量的，并且是充分研究过的吗？这个人以前的预测准确度如何？"

行动：按照永恒的行为原则行事（见第二部分），而不是猜测一个不可知的未来。

原则 8

一切都会过去

许多现在衰落的将会复兴；许多现在荣耀的将会衰落。

——贺拉斯（古罗马诗人）

从来没有比这更真的话

你肯定听过"这也都将过去"这句话，但你可能不知道这句话的历史背景和起源。这句话的可能来源有几种，比如所罗门国王、苏菲诗人或者简单地说是一个"东方君主"。在苏菲诗人的说法中，国王要求他的智者制作一枚戒指，可以帮助自己在陷于悲伤时感到快乐，于是智者把这句话刻在一枚戒指上送给国王。当然，最具讽刺意味的是，一枚刻有"这也都将过去"的戒指，不仅使国王在伤心时感到高兴，而且在他高兴的时候，也会使他伤心，这有点出人意料。

在犹太民间传说中，以上那句话也是广为流传的所罗门寓言之一。在19世纪的西方，亚伯拉罕·林肯也曾经引用过这句话并被世人所铭记。林肯说:"据说,一位东方君主曾要求他的智者给他一句忠告,这句忠告无论何时、无论什么场合都适用。智者送给他的忠告是'这也都将过去'。这句话多么令人印象深刻!在骄傲的时刻多么让人警醒!在悲伤的时刻多么抚慰人心!"[54] 这条真理的正确起源可能终将无法厘清,但它对投资的适用性是不可否认的。投资者应该明智地了解这一事实:一切非凡都不会永恒。

上《体育画报》会带来厄运吗

很多体育迷都熟悉被俗称为"《体育画报》的厄运"的谣传。谣传中说某个球队或者运动员在登上《体育画报》杂志封面之后的几周或者几个月里,注定要经历受伤、表现不佳或者运气不好。2003年年底,小熊队和红袜队,这两支争抢了冠军杯近一个世纪的队伍,在成功地进入季后赛后,出现在《体育画报》的封面上。之后两支球队都经历了戏剧性的厄运,红袜队连续三场比赛输给洋基队,小熊队则连续七场比赛输给了新秀马林队。

迈克尔·斯平克斯(Michael Spinks)在和迈克·泰森(Mike Tyson)的最后一场比赛之前,登上了《体育画报》的封面,标题是"不要把我排除在外"。可悲的是,斯平克斯在仅仅开场91秒后就被泰森的一记勾拳淘汰出局。洋基队"核心四人"中的Derek Jeter、Mariano Rivera、Andy Pettitte 和 Jorge Posada 出现在2010年夏季的《体育画报》中,之后7天内,除了Derek Jeter,另外三人都出现在受伤名单上。Jeter侥幸没有受伤,却经历了他职业生涯中最糟糕的一年。[55]

球迷都是迷信的，许多人相信"《体育画报》的厄运"中真有巫毒作祟。然而，更有可能的解释是心理学家所说的"平均值回归"，或者说观察值随着时间的推移走向平均水平。如果一支球队或一名球员登上了《体育画报》的封面，这是因为他们的表现超过了平均水平。随着时间的推移，合理的演变是他们的表现将会回归到平凡。

丹尼尔·卡尼曼（Daniel Kahneman）在《思考，快与慢》（*Thinking, Fast and Slow*）中举了一个与以色列空军合作的例子。他听到一位队长说，如果一名飞行员因为执行了一次完美的飞行任务而得到上级的赞许，那么在下一轮飞行中，他的表现肯定会受到影响。这位领导人怀疑赞扬是表现不佳的根源，不知何故会使飞行员变得软弱或自满。卡尼曼随后证明，赞扬还是批评本身并不重要，而是坏的表现之后总会有超常发挥，优异的表现之后也总会失误频频。给予正面或者负面的反馈只是烟幕弹——随着时间的推移，表现会呈现出平均化的趋势。

英国统计学家弗朗西斯·高尔顿（Francis Galton）在对遗传的研究中发现了同样的情况。高得出奇的人往往有较矮的孩子，而非常聪明的人也往往会有智力并不十分明显地优于他人的后代，高尔顿称之为"回归平庸"，无论是研究人类智力、运动能力，还是研究豆秧的长度都是如此。正如丹尼尔·卡尼曼对阿莫斯·特沃斯基所说："一旦你的目光敏锐起来，你就会看到到处都是回归。"[56]

华尔街与球场一样，回归也一直存在，只是普通投资者对此了解甚少。詹姆斯·奥肖内西说："在我研究了大量的美国和其他发达国家的股票市场的数据之后，我已经能够得到一个铁一般的原则，那就是回归均值。"[57]

也许你已经痛苦地意识到了，华尔街的疯狂世界的原则与我们在其他地方的生活经历没有共同点。然而期望结果保持不变是人类的天性，我们期望如果我们今天总是遇到善良体贴的人，一年后也会继续遇到这样的人。同样，我们预计如果一家企业今天经营良好、大受欢迎，那么这家企业将持续表现优异。正是这种对世界恒久不变的预期，才导致投资者会因为极度乐观和极度悲观而做出糟糕的决定。我们本能地期待优异的表现能够持续（无论运动员还是股票），但我们生活在一个任何极端情形都会被迅速纠正的世界。

吉姆·柯林斯（Jim Collins）和杰里·波勒斯（Jerry Porras）的《基业长青》（*Built to Last*）是一本广受好评的商业畅销书。这本书对一项为期6年的研究进行了总结，目的是"找出远见卓识的公司所共有的特征"，并将其传授给广大的商界。柯林斯和波勒斯希望考察一下那些最优秀的公司，以及它们之所以伟大的本质。

在《基业长青》出版前的十年里，这本书中提到的有远见的公司在标准普尔500指数中表现出色，其回报率为21%，而同时期市场平均回报率为17.5%。[58] 正是由于这些表现，它们得以被纳入这本关于商业卓越的书中。然而，我们很快就看到了平均值回归的影响，因为只有一半的公司在这本书出版之后的5年内，表现继续超过市场平均回报率。如果对这些公司进行更广泛的考察（1991～2007年），我们就会发现，它们的表现实际上低于标准普尔500指数，其年化回报率为13%，而标准普尔500指数的回报率为14%。与其他地方一样，商业表现卓越的公司也不是永恒的。

我们对《基业长青》中的个别公司的观察结果也体现在对其他方面的赢家和输家的研究上，比如对基金经理的研究。Brandes Institute

进行的一项研究发现，即使是最优秀的长期基金经理也有过长时间的不佳表现，通常是出现优异表现后急剧回归平均水平。在研究中的某个阶段，最好的经理人的业绩平均落后于市场近 20%。即使把时间拉长到 3 年，也有近 40% 的最佳经理人的业绩被列在业绩的最底层。[59] 以前曾被"最佳经理人竞赛"淘汰的那些经理反而能在接下来的 7 年里获得不俗的业绩表现，其年化回报率超过平均水平 17%，只是投资者并没有关注到他们随后的表现。

1998 年，哈佛大学的拉里·萨默斯（Larry Summers）和麻省理工学院的詹姆斯·波特巴（James Porterba）发表了一篇开创性的论文，题为《股票价格的平均值回归：证据和应用》（Mean Reversion in Stock Prices: Evidence and Implications）。他们研究了 1926～1985 年纽约证券交易所的股票回报，以了解价格大幅上涨或下跌的后遗症。如你所愿，他们发现，高回报时期之后是低回报时期，反之亦然。同样，理查德·塞勒和沃纳·德邦特（Werner DeBondt）在他们的论文《股票市场会反应过度吗》（Does the Stock Market Overreact?）中也发现表现好的股票最终会下跌，下跌的股票最终会上涨。他们把过去 5 年内 35 对表现最好与最差的股票做了对比。他们发现，在中期范围内（17 个月），之前下跌的股票的表现比指数高出 17%，而之前的热门股票的表现比指数低 6%。

没有永恒的黄金

人类总是在追求永恒不变的事物，并且常常抱持着一种错误的信念，即未来会和今天一样。就像我们假设今天的好朋友一年后还会是我们的好朋友一样,我们也错误地认为今天的大众焦点领域在未来也会继续。但正如肯尼思·博尔丁(Kenneth Boulding)所言:"如果一个人认为稳定增长可以实现永续,他要么是疯子,要么是经济学家。"

正是这种过度乐观的预测导致了日本房地产市场在20世纪80年代末出现泡沫。曾几何时,东京一个城市的房地产总价是美国全国房地产总价的4倍;[60] 处在巅峰时期的伦敦证券交易所的市值在25年内增长了100倍以上,其价值超过同时期欧洲所有国家市值的4倍。[61] 类似地,正如詹姆斯·奥肖内西关于美国互联网泡沫的报道一样,"……一些公司,比如Constellation 3D、eNotes.com、simplayer.com 和BrainTech,尽管其销售额为零,但它们的股价却增长了1000%。"[62]

不能认识到世事的无常,就像不断给泡泡充气直到最后泡泡破灭一样,会导致财富毁灭。精明的投资者应该像本章开篇那位贤明的东方君主,戴着那枚刻着箴言的戒指,在绝望的时刻获得安慰,在荣耀的时刻保持谦卑。

人们不得不痛苦地承认,每一个经济繁荣时期都孕育着下一次崩盘的种子。与那种熊市有风险、牛市无风险的流行观点相反,谨慎的投资者必须承认风险实际上是在市场欣喜若狂的时期孕育,而在市场下跌时期爆发的。

评估市场是否过热的另一个难题是,许多时候高涨的市场情绪是由真正的新思维孕育而来的,只是这些新思维通常都比较极端。世纪之交的互联网泡沫是建立在一种互联网会改变一切生意模式的想法上的。这种想法今天已经变成现实,并且远超当年的想象。然而,这并不意味着商业现实的利润率,会让位于更空泛的估值标准,如"头脑份额"或"吸引眼球的报道"。

正如航空旅行曾经给世界带来了革命性的出行变革，但航空公司的股票表现总是令人失望一样，如今的市场上也会有一些将改变我们生活方式的创新，但考虑到人类那些不切实际的热情，投资于这些创新将被证明是不明智的。正如本杰明·格雷厄姆所言："一家有明显增长前景的公司，并不一定是一个好的投资标的。"[63] 事实上，大多数金融过热都源于某种真实的变革创新，这让它们很难被识别出来。

马克·吐温曾经诙谐地说，历史不是简单的重复，而会如韵脚般不断再现。下一次的过热、恐惧或贪婪看起来不像上一次，但人们总是认为明天将和今天一样，或者"这次不一样"。正如金融历史学家加尔布雷思（J.K.Galbraith）在《金融市场狂热简史》（*A Short History of Financial Euphoria*）中所说：

> 当同样或非常相似的情况再次发生时，有时仅仅在几年内，它们就会被一个新的、更加年轻的、更加自欺欺人的世代所惊呼，并且被认为是金融界和更大的经济世界中的一个新发现。在任何其他领域中，历史经验都没有像在金融领域里这样，几乎从来不起任何作用。过去的经验，在某种程度上是记忆的一部分，被认为是那些因为执迷不悟而不能与时俱进的人的避难所。[64]

看清过热的真相，坦率地说，需要你做一个泼冷水的人。这样你在全球繁荣中的很多时候会显得步履蹒跚、冥顽不化，在香槟和玫瑰花的时代变成一位谨慎的历史学家。这并不有趣，但可以帮助你稳赚不赔。

当沃伦·巴菲特在 2008 年写他著名的《购买美国》(Buy American) 一文时,他并不是在认同市场上涨,事实上他承认不知道短期内市场会发生什么。他只是在保持洞察力的同时重复了一句永不过时的话:"这也都将过去。"

行为校准模型

思考: "这也都将过去。"

提问: "你是否相信未来会像现在一样,会有机会以低价购买优质企业的股票?"

行动: 在丰收时为饥荒做好准备,在饥荒时为丰收做好准备。

原则 9

多样化要有所取舍

我想我的公式可能是：梦想，多样化，永远不固执。

——沃尔特·迪斯尼

现在请看一下《福布斯》400 榜单上的美国最富有的人。然后等到你的嫉妒消退，再思考一下名单上的成员有什么共同之处。

乍一看，他们之间没有什么突出的共同特点。有些人，比如奥普拉·温弗瑞，出身卑微，而另一些人，比如唐纳德·特朗普，年轻时就继承了一小笔遗产；他们之中有黑人和白人，有男性和女性，有年轻人和老年人。但继续寻找，你会注意到一件事：他们中的大多数都在一个职位上工作多年，或者通常在同一家公司里获得财富。无论是比尔·盖茨的微软、沃伦·巴菲特的伯克希尔－哈撒韦，还是马克·扎克伯格（Mark Zuckerberg）的 Facebook，他们在这一点上并没有多样化。

如果专注于一点是获得巨额财富的必经之路，那么又如何解释我

（以及任何你遇到的金融业界人士）可能提到的多样化的优点？这是因为过于专注既是快速致富的捷径，也是快速破产的通道。这是一枚硬币的两面。

哈里·马科维茨（Harry Markowitz）因为推广采用多样化资产的理念而著名。然而古代的人们就已经理解了多样化的重要性。《圣经》中也曾提到在风险管理中使用多样化的好处。这一章大约成书于公元前935年，里面这样写道："要把你的投资分散在许多地方，因为你不知道未来风险将会在哪里出现。"

犹太人的传统中有种早期多样化的形式，其推荐将个人资产分成三部分——1/3用作商业经营，1/3是现金储备，另外1/3是固定资产。最早、最著名也是最具雄辩性的关于多样化的语句，出现在莎士比亚的《威尼斯商人》中，我们读到：

> 我的财富基础可不牢靠，
> 所以我从不把它们置于一处，
> 每次损失的也不是我的全部，
> 哪怕赶上今年的坏运气。
> 所以，我并不为这些货物损失而悲伤。

值得注意的是，这些早期提到的多样化既关注其在财务方面的好处，也关注其在投资者心理上产生的好处。因为从广义上说，投资管理不仅是为了赚钱，也是为了管理投资者的恐惧和不确定性。从本质上讲，多样化帮助人们在不确定的未来面前保持谦逊。我认为多样化投资就像保险公司提供的保险方案，每年都会有一些投保人遭遇事故并触发赔付,但大部分投保人不会如此。保险公司赚钱是因为风险被分散在大量不同的投保人身上。同样,当你在不同资产类别之间分散投资时,单一类型投资的失败并不会降低你长期成功的概率。

如果我的关于保险公司的类比还不够生动,那不妨听听本·卡尔森怎么说,他建议把多样化看作一种减少遗憾的方式。他在《投资者的心灵修炼》中说道:"一些投资者会后悔错过巨额收益,而另一些人则会后悔参与导致巨额亏损的投资。哪一种后悔对你情绪上的影响更大?"[65]

现在,在你回答之前,让我先告诉你答案:这项研究的结果相当明确地表明,比起你错过的巨大收益,你会更后悔自己遭受了损失。丹尼尔·卡尼曼和阿莫斯·特沃斯基在检查效用曲线时发现,与盈利相比,人类对损失更敏感。网球明星安德烈·阿加西(Andre Agassi)很好地表达了这一点,他说:"现在我赢得了大满贯,但我知道地球上很少的人知道的一件事情,赢球的快感不如输球的失落来得强烈和持久,并且差的不只是一点点。"

也许你是人类中罕见的类型,你感受到的错失收益的痛苦要大于现实亏损的痛苦。在这种情况下,那就请你集中火力尽情狂飙吧。但如果你是和其他人一样的普通人,多样化将有助于降低痛苦并且帮助你实现长期金融目标。

不要轻视微小的收益

早年有个专有名词——"失落的十年",这个名字来源于在那个十年里投资美国大盘股（如标准普尔500指数）的投资者，每年都会出现1%的亏损。真糟糕！然而，那些将投资分散在各种资产类别（美国股票、外国股票、大宗商品、房地产和债券）上的多样化投资者，却没有经历过"失去的十年"，还获得了年化7.2%的收益。但在其他年份，形式却完全不同。在大衰退之后的7年里，股票市场开始狂飙，但多样化投资的增长却温和得多。事实上，你的资产每年总有一部分会表现不佳，布赖恩·波特诺伊斯博士的一句话承认了这一点："多样化意味着你总是要为某项资产的表现深感遗憾。"

一个简单的事实是，没有人知道哪个资产类别会永远表现良好，而多样化是应对这种不确定性的唯一合理的方法。例如，在1928年之后，只有3年（1931年、1941年和1969年），股票和债券才在同一年同时下跌。这意味着它们两者的共存在经济困难时期将起到缓冲作用。[66] 债券就像安全气囊，在用到之前似乎是一种无用的支出，甚至可能拖累你的投资组合的表现——直到有一天遇到意外。

但承认不确定性并不意味着就要牺牲回报。事实上，多样化和再平衡已被证明平均每年可以帮助你把业绩提升半个百分点。这个数字初看起来可能很小，但你要意识到在你终身投资计划中，它会以复利的形式发挥作用。[67] 例如，在《投资者的心灵修炼》中提到的欧洲、太平洋区域和美国的股票，1970～2014年，按年计算的回报率如下：

- 欧洲股市：10.5%
- 太平洋区域股市：9.5%
- 美国股市：10.4%

回报率看起来差不太多，但是让我们来看看如果所有的股票市场合并后，平均加权并且每年年末再平衡后会发生什么——投资组合在这段时间内的平均回报率为每年 10.8%，比任何单独的股市的回报率都要高！这只能说是多样化投资的奇迹！每个市场都有表现好或者不好的年份，自动再平衡让你卖掉盈利的股票，买入下跌的股票。**买低卖高**——听起来很熟悉？通过在股票便宜的时候进入市场，在股票变得昂贵时退出，从而实现多样化的协同效应。

除了已经提到的多样化的好处，拥有多种资产类别可以削弱投资组合的波动性，进而减少"方差损耗"（variance drain）。方差损耗听起来很高深，但简单地说，它指的是在以高度波动的方式投资时，波谷的低值所带来的有害影响将加倍，即使算术平均数相同，方差损耗对累积财富的影响也可能是巨大的。

好吧，这样解释起来仍然有点不太好懂！让我们举一个例子来说明这是如何发挥作用的。假设你投资两种产品各 100 000 美元，每个产品每年平均回报率为 10%，一个具有很大的波动性，另一个具有较小的波动性。两年中，具有较小波动性的产品每年上涨 10%，最终总价值为 121 000 美元，具有较大波动性的产品的回报率分别为 –20% 和 40%，同样实现了算术平均每年 10% 的回报率。

好消息是，你可以向你的伙伴吹嘘自己已经获得了 40% 的回报——你是一个投资能手！然而，坏消息是，你的那部分波动性较大的投资只值 112 000 美元，比另一部分波动性较小的投资整整少了 9000 美元。哎呀，低得太多了，因为你的算术平均回报里叠加了波谷低点。很少有投资者清楚，资产一旦损失了 50%，他需要盈利 100% 才能把亏损追回。多样化的价值在很大程度上是因为它使市场波动平稳下来，带来了更多的复合财富增长，减少了不良投资行为的影响。

我在本章一开始就说过，所有领域的超级富豪的共同点是他们的投资或投入都不是几种，通常只有一种。也许你想选定一只股票，然后就可以实现你的梦想：开玛莎拉蒂，把香槟当水喝，并且雇用一位专业男仆。好吧，在你大做美梦之前，我鼓励你读一下 Longboard Asset Management 最近进行的一项研究，它发现近 40% 的股票自始至终都在赔钱，64% 的股票表现逊于市场指数。市场的全部涨幅只是由其中 1/4 的股票贡献的。这一研究结果如图 1-3 所示。

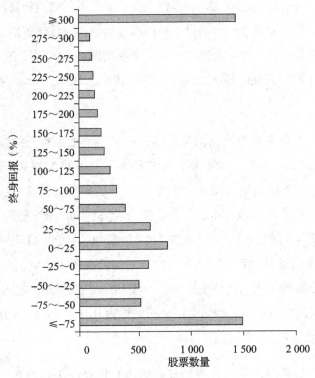

图 1-3 单个美国股票的终身回报

想象你的财富将如何膨胀是很有诱惑力的，尤其是如果你把所有的赌注都押在某一只（比如那只故事最吸引你的）股票上，但历史告诉我们，这样做的结果是：你破产的可能性是盈利的两倍。现在，请回到现实中，喝点白开水，自己做饭吃，开丰田凯美瑞。然后最重要的是，进行多样化投资。

关注资产间的联系

希望现在你已经能认识到多样化的重要性了，但是让我来告诉你一个不那么好的消息——多样化是很难做到的。与任何事情一样，全球化也有其优点（文化传统的融合、更多的同情心）和缺点（激发民族主义、破坏当地的传统文化），它对我们在多样化方面的影响也是不可否认的。

在一个联系日益紧密的世界里，投资于真正不相关的资产变得越来越困难。1971～1999年，标准普尔500指数与MSCI EAFE指数（不包括美国股票的指数）之间12个月的相关性为0.42。到了世纪之交，相关性变成了0.83。[68] 根据Tang和Xiong的研究，大宗商品也出现了类似的特点。[69] 在整个20世纪90年代和21世纪第1个10年，大宗商品指数之间的年平均相关性仍在0.10左右，到了2009年，它已经翻了5倍，达到0.50。更糟糕的是，在2008年金融危机期间，商品指数和股票指数之间的相关性飙升到了0.80，导致完全无法在两者之间进行多样化投资。[70]

随着世界继续变小，我们彼此的相互依存性也在增长。你不难发现不同资产的种类会越来越相似。但是寻求资产内部和资产之间的多样化的基本原则是不变的，它可以继续很好地为投资者服务。但在这一更大的框架内，投资者需要耐心分辨哪些资产彼此之间真的不相关。

很多企业的团队由种族和心理特征（即人格类型）并不完全相同的多样化的人群组成。针对这种类型的企业的研究结果很有趣。多样化团队需要更长的时间来做出决定，彼此争论更多，并且前进的道路通常比不那么多样化的团队曲折。然而，通常它们也能制定更好的决策，评估更广泛的可能性，最重要的是，往往创造更多的业务收入。

同样，如果你的观点太狭隘，你可能不会欣赏把各种不同的资产或股票放入同一个篮子的行为。你的头脑可能会产生无数的"如果只是某种资产"的假设，在你看来这些假设要比多样化选择要好得多。但是，从长期来看，多样化的力量是如此深远，以至于对冲基金巨头克里夫·阿斯尼斯（Cliff Asness）称它是"投资中唯一的免费午餐"。多样化可能意味着你总是要有所取舍，但这比任何其他选项都要好得多。

行为校准模型

思考： "快速致富和快速破产是同一枚硬币的两面。"

提问： "我如何才能通过学习新技能和建立新关系来分散个人和就业风险？"

行动： 要实现资产类别的多元化，则投资组合中至少要包括国内股票、国外股票、固定收益资产和房地产。

原则 10

风险有规律可循

> 10月在股票投机上是一个特别危险的月份。其余同样危险的月份是7月、1月、9月、4月、11月、5月、3月、6月、12月、8月和2月。
>
> ——马克·吐温,《傻瓜威尔逊》(*Pudd'nhead Wilson*)

我在整个职业生涯中都在金融界宣扬行为原则,但其实我的博士学位读的是临床心理学。作为博士课程的一部分,我被要求为陷入危机的客户提供数千小时的咨询服务,这一非常宝贵的技能以后也被我应用在与惊慌失措的投资者的交谈中。

我的第一个客户(我这里称呼她为布鲁克)让人难忘,她的故事为风险的概念提供了一个宝贵的案例。布鲁克拿着6个信封走进我的办公室,她把信封放在桌子上,然后说:"我有个大麻烦。"布鲁克衣着考究、口齿清晰。我从她的口中了解到,她是一个优异的学生。坦率地说,我无法想象有什么能困扰到如此泰然自若的人。

随着会谈的进行,布鲁克开始讲述她遇到的问题,而我尽力不让自己看起来像个初出茅庐的新手。布鲁克是一位有抱负的学生，申请了许多著名大学的博士学位，并且都得到答复——就是一开始我提到的6封信。她从小就梦想成为一名科学家，在高中时她就是一名勤奋的学生，后来被一所好大学录取。在大学期间她也一直表现良好，所有的一切都在为这一刻做准备！

信收到了，但布鲁克什么也没做。之前花了那么多的时间和精力为这一刻做准备，她现在需要面对的是能否被接受的命运。随着入学报名截止日期的临近，她必须直面她的恐惧，她决定打开信封并采取行动，但此时她僵住了。如果付出了极大的努力却被拒绝，这个结果是她不能接受的。

在整个过程中，我表现得一团糟。布鲁克的问题在我的教科书里没有被提到过，而我又为如此一个冷静的人有这种奇怪的表现感到非常困惑。我清楚地记得，我一会儿拙口笨舌，一会儿把文件掉在了地上，基本上处于手足无措的状态。我被教导不要给客户直接的建议，而是要提一些尖锐的问题，这样才能帮助客户自己找到解决方案。但这说起来容易做起来难。

我对自己不能把布鲁克指引到好的方向而感到沮丧，突然我脱口而出："在我看来，由于害怕冒险，你正在将不确定性导向你所害怕发生的事情上。"这句话听起来不是那么准确，但它起作用了。那天布鲁克和我都意识到，在管理不确定性方面，我们越是努力就越是失望——这在生活和投资中都是千真万确的。至于布鲁克本人，是的，她得到了所有6所学校的录取通知，选了最好的那个！

布鲁克的问题在于她定义错了风险的概念，她把风险定义为一封拒绝信,她认为逃避了信件就能逃避风险。

风险的定义

定义是重要的事情。投资经理(他们非常担忧风险)以资产的波动性作为衡量其风险程度的指标。使用波动性来衡量风险的优点是其非常简单且易于衡量,能被写入报告,并可以被优雅(大部分是无用)的数学模型所描述。但是利用波动性作为风险的指标的危险更大:它实际上完全没办法去衡量它本应该去衡量的东西。

传奇的价值投资者霍华德·马科斯(Howard Marks)对此做了最好的描述:

> 学者们把波动性作为风险的代名词,只是为了方便起见。他们需要为自己的计算公式找到一个答案,这个答案既可以从历史上找到根据,也可以据此推断未来。波动性符合这一要求,其他形式的代名词不符合。然而,问题在于,我不认为波动性是大多数投资者关心的事情。我认为,人们之所以拒绝投资,主要是因为他们担心资本的损失或低得令人无法接受的回报率,而不是波动性。对我来说,"我需要更多的上涨,因为我担心我可能会亏本"要比"我需要更多的上涨,因为我担心价格可能会波动"更有说服力。是的,我相信所谓"风险"(是首要也是最重要的)是有多大可能会赔钱。[71]

再想想沃伦·巴菲特的话吧:"投资的第一条原则是'不要亏

损',第二条原则是'千万不要忘记第一条原则'。"从某种程度上说,他的伯克希尔－哈撒韦股票自身就极具风险,价格波动巨大。自 20 世纪 80 年代以来曾有 4 次股价被腰斩。然而,巴菲特却从来没有让风险变成现实,因为他从来没有出售过一股自己的股票!

一个太看重波动性的投资者可能会在过去的 35 年里多次沽清伯克希尔－哈撒韦。幸运的是股神始终牢记他的导师本杰明·格雷厄姆的话:"一个真正的投资者不会仅仅因为他持有的股票的市场价格下跌而赔钱;因为事实上,股价可能会下跌,但投资者不一定会有损失。"[72]

Merriam-Webster 将风险定义为"损失或受伤的可能性",因此将投资风险定义为永久资本损失的可能性似乎是合理的。更进一步说,我们个人的投资风险可以定义为我们无法实现自己想要的梦想生活的可能性。把风险定义为波动性是比较客观的,但直觉告诉我们风险的定义是需要联系上下文的。正如我们每个人都有不同的目标、恐惧和对金钱的不同渴望,我们也都要面对不同的风险。

考虑到这一点,让我们来看看改进后的风险定义——资本永久亏损的可能性和我们无法实现自己想要的梦想生活的可能性。

风险的另一种定义

我们在上一章中讨论了多样化所具有的抵御风险的能力,因此必须明确地指出,只购买一种股票确实是一个高风险的行为。根据摩根大通(J.P.Morgan)的数据,自 1980 年以来,40% 的股票已经遭受了

"灾难性的损失",这意味着它们下跌了70%或更多!

但是如果我们把这些极具风险的单个股票放进一个多样化的投资池里又会如何?杰里米·J.西格尔(Jeremy Siegel)在《股市长线法宝》(*Stocks for the Long Run*)⊖中说,在自19世纪80年代后期至1992年的时间里,如果以每30年为一个周期,股票的表现总是优于债券和现金;如果以10年为一个周期,股票在80%的情况下表现得比现金好;如果以20年为一个周期,股票也从来没有亏过钱。债券和现金,就基于波动性的衡量标准而言,通常被认为是安全的。但实际上它们从来没能战胜通货膨胀。

正如西格尔在谈到这种扭曲的逻辑时所言:"在任何以20年为周期的时间里,如果投资股票,你从来不会亏本。但如果(投资)债券组合,你将损失一半(经过通胀调整)。那么,哪个是风险更大的资产呢?"[73] 在过去30年里,扣除通货膨胀影响后的股票平均回报率为7.4%,而债券几乎不能跟上通货膨胀,实际回报率仅为1.4%。[74] 我不确定你将怎么称呼一种表现胜过别人50倍的资产,但我不会把它称作高风险。

把波动性视作风险的另一个有害之处是,它使我们陷入市场每日的波动中,使我们不能专注于长期回报。如果你每天都盯着它们看,那就太可怕了。格雷格·戴维斯(Greg Davies)说,如果你每天检查你的账户,你将有41%的可能看到损失。而我们知道损失带来的痛苦感是收益带来的快感的两倍,这将让你感到非常难受!而如果每隔5年看一次,看到损失的可能性只有12%。而如果你每12年看一次,你永远不会看到损失。[75]12年似乎是很长的一段时间,但请记住,大

⊖ 此书中文版已由机械工业出版社出版。

多数人的投资生涯长达 40～60 年。

通过将波动性作为风险的代名词，我们放弃了长期的可能性，转而关注不可知和无意义的每日走势曲线。基金经理汤姆·霍华德（Tom Howard）在谈到这件事时说："讽刺的是，在建立长期投资组合之后，却开始关注短期波动。这肯定会带来投资风险。"[76]

着眼于长期的投资需要匹配一个着眼于长期的风险衡量标准。最恰当的做法是：以一个合适的时间范围为区间，建立一个以股票为主的投资组合，它可以提供非常大的回报，并且风险非常小。

认真管理风险

大多数投资者都明白管理风险的重要性，但很少有人知道，管理好下跌甚至比追求上涨更重要。正如霍华德·马科斯所言："在我的整个职业生涯中，我看到大多数投资者的业绩更多地取决于他们损失多少，有多严重，而不是取决于他们盈利的程度。熟练的风险控制是老练的投资者的标志。"[77]

尽管投资风险引起了人们的关注，但由于它有以下几个特点使其非常难以管理。首先，风险完全存在于未来，我们已经很清楚的是，我们并不擅长预测未来会发生什么。还有就是，没有任何直接反馈能告诉我们风险管理是否成功。想象一位天气预报员，他预测明天有 80% 的机会下雨，并建议你带一把雨伞。虽然我们通常不会想太多，但是就算明天真的不下雨，天气预报员的说法也不能说是错的。因为他只是说有 4/5 的概率会下雨。类似地，只要这里没有一个"这个永远不会发生"或者"绝对会发生"的关键词,我们就很难知道我们的风险管理是否奏效。

如果风险对能否获得巨额收益很关键,但它又不可见,那么我们该怎么做?

彼得·伯恩斯坦(Peter Bernstein)在《与天为敌》(*Against the Gods*)[⊖]中给我们提供了一个线索,这可能是有史以来最全面的关于金融风险的考量。伯恩斯坦认为:"风险管理的本质在于最大化我们对结果有控制权的领域,最小化我们对结果完全无法控制的领域,但是我们无法得知这其中的因果关系。"[78]

我们开始通过控制可控的领域来管理风险,伯恩斯坦的这一明智警告再次表明,基于波动性的风险衡量方式的不可靠。随着时间的推移,一只股票相对于基准指数的 beta 系数或波动性非常不稳定,我们几乎没有什么可把握的。更基本的是,从逻辑和经验两点来看,迈向风险管理的正确步骤是:认识到股票的本源是一家实体公司的一部分,而不是在屏幕上闪烁的数字。我们越能以这种思维来投资,就能越好地预测潜在的风险。

其中一个最基本的考量点是这家公司值多少钱。让我强调一下,没有比购买一只价格虚高的股票更危险的了,无论这只股票的故事多么吸引人。在我写作本书的时候(2015 年 12 月),两只最热门的股票是亚马逊公司(Amazon)和 Netflix,其回报率都超过了 100%。我最近进行了圣诞节大采购,其中很多是在亚马逊的网站上完成的。与此同时,我也是 Netflix 的忠实会员,经常在上面看电视剧。但是,对

⊖ 此书中文版已由机械工业出版社出版。

这两家对我的生活改变很大的公司，我并没有购买它们的股票，因为它们目前的市盈率高达 900 倍和 400 倍。

投资于某一特定业务的风险不能也不应与为此付出的代价相分离——适当的估价工作是风险管理的核心。1950～2007 年，价值股的表现超过了那些"魅力股票"（glamour stocks）和大多数的市场指数，而且波动性也较小。无论按照传统的还是行为投资学的风险衡量标准，不购买价格虚高的股票都是你能做出的最安全的举动。

为了进一步评估风险，你可以尝试着探索其他领域。让我们设想在社区中建立一个售卖柠檬水的小摊的生意。如果你被要求投资一个柠檬水摊，你可能会问些什么问题？你也许想知道产品是否美味、配方是否特别、产品的利润率如何、管理手段如何以及柠檬的成本如何。你最不可能问的问题是："公司估值的波动率是多少？"

同样地，在评估某一次购买股票的风险时，我们应该仔细考察企业的基本要素，忽略局外人的浮躁情绪。这可以通过一份定性的检查清单来完成，例如：

- 是否有历史表现的记录（通常超过 5 年）？
- 生意是否易受外部因素的影响？
- 管理层值得信任吗？
- 如果可以的话，我会买下整间公司吗？
- 这种产品或服务是否有相近的替代品？
- 这个公司在困难时期有定价权吗？
- 它的定价能否保证利润？
- 为什么其他人忽视了这个股票？

- 这家企业的工会如何？监管条件是否有利于企业？
- 消费者对品牌有忠诚度吗？

所有这些问题都能让谨慎的投资者反复思考，并谨慎评估是否应购买某一股票，但这些问题都不会被典型的华尔街人士视为风险管理问题。华尔街陷入了一种错误的、目光短浅的模式，认为风险是一种数学上的加减，这正可以被真正理解风险管理的长期行为的投资者所利用。

我无情地抨击将波动性作为风险衡量标准的观点，只是因为我看到了这种观点对普通投资者和储户造成的损害。波动性在短期内是可怕的，但当我们真正理解它的常态时，它就变得毫不稀奇了。自1871年以来，每5年市场的波动（无论上涨还是下跌）就会有两次超过20%。波动性是一种常态，不是例外，应该针对它进行计划和多样化准备，绝不能逃避。你越早能接受在你有生之年会遇到的熊市，你就越早学会管理你最害怕的事情，并且以此决心去进行投资——那你就越有可能获得超额回报来过你梦想的生活。

为了对抗波动性，纳西姆·塔勒布举了一个例子。如果一个人每天都是精确地在6点整下班回到家。这样一段时间之后，有时即使他只是晚到家5分钟，他的家人也会担心他的安全。我们设想另外一个人，每天都是6点左右到家，有时候是5：30，有时候是6：30。他到家的时间上的不确定性使得他的家人不会那么担心。除非某一天他回家时间偏离得异常大。

坚持一种绝对的确定性可能产生矛盾的效果，使事情变得不那么稳定。随着时间的推移，一种"弯而不折"的方式反而会使事情趋于稳定。塔勒布指出，人类注射疫苗是通过给自己身体注射一些病菌来生成免疫力，将这一原理放到投资中，则是：如果想要有真正的安全，我们就必须忍受波动性。"人生的一揽子方案之一是，"他说，"没有波动性就没有稳定。"[79]

就像家庭成员下班回家一样，股票回报一直以来都是长期投资者的"下班回家"，尽管它的波动范围相当窄。对于那些坚持追求确定性的人来说，他们把投资股票的选项排除在外了，但代价就是他们将不能保持资产的购买力，需要冒着不能满足未来财务需求的风险。愿意承担风险不意味着只能听天由命，而是行为投资者凭着这一点勇气和耐心来获得巨大回报的一种手段。

行为校准模型

思考："我是我自己获得长期财富的最大风险。"

提问："我能控制那些可控的事情吗？"

行动：通过检查你投资的企业的稳定性来管理真正的风险，并且永远不要买入价格虚高的股票。

行为的自我管理原则的应用

我下班回家时会经过一段弯弯曲曲的山间小路,这是我在一天漫长的工作后完美的解压方式。和其他大多数人一样,我通常会(自觉或不自觉地)开车回家,但最近由于一辆抛锚的油罐车占了4条车道,我必须寻找一条新的路线。在此过程中我经过一家附近最大的医院,它也是本地区最著名和最好的医院。

当我经过这家医院两栋主楼之间的道路时,我看到了最意想不到的一幕。在附近的一片空地上,有13位医生和护士——他们竟然在吸烟!他们会在吸完烟后回到大楼,然后劝他们的病人戒烟。我可以肯定这13位专业人士中的每一个人都清楚地知道吸烟的害处,但他们无法控制自己。这一现象的正式名称是"知行不一",无论你怎么称呼它,这都是一种耻辱。

我通过与你分享可供参考的研究、轶事和想法,让你预防不良的投资行为，来帮助你规划财务生活。但我也像你们中的任何一个人一样有时也会知行不一，所以我知道光靠这些原则是不够的。如果只有知识和想法就足够了，那么我们都可以变得很瘦，而香烟公司万宝路明天就会破产了。

因为仅仅有知识是不够的，你需要做的另外两件最重要的事情就是行动起来，以及寻求专业人士的帮助。通过了解自己（原则1），你意识到尽管你可能无法控制经济走势，但你可以看得长远些，每个月都储蓄，并且对你的日常开支进行管理。借助外部的力量（原则2）将帮助你执行其他所有的原则。我反复强调，如果没有适当的支持，即使你读完了所有关于投资的书，仍然会亏得一塌糊涂。华尔街的疯狂世界的力量就是如此之大。

在一个少做胜过多做、集体智慧不如个人智慧、未来比现在更确定的世界里谋生可能没有什么让人兴奋的，但这并不意味着你的回报就会很低。借助这些原则，你可以在这个疯狂的世界里保持理智。

我们接下来将进入本书的第二部分，其中阐述了一些投资过程，这些过程与第一部分中讨论的那些非理性的事物相关。

第二部分

行为投资的资产管理

THE LAWS
OF WEALTH

> 历史不是简单的重复，而会如韵脚般不断再现。
>
> ——马克·吐温

值得再说一次的是，能否把在第一部分学到的理论应用到实践中是你能否成功的关键。现在你已经学到了关于行为投资学的皮毛了，即使你不再阅读，只要应用好这些原则，你就能打败90%的专业投资者。

但能帮助精明的投资者增加回报的途径不止行为管理一种，心理学也可以。只是你必须把心理学和从第一部分学到的内容相结合，使其成为非常有效的组合拳。第一部分的原则指导了你的行为，第二部分概述了行为风险管理模型和选择股票的注意事项，它们可以作为你的资产管理的有效护栏。我把这种约束行为风险的模型称为**基于原则的投资**（rule-based behavioural investing，RBI）。

乍听起来这个话题似乎颇为有趣，但我得事先告诉你：这一话题单调乏味，谈论起来并不那么令人愉悦。以下一个关于全球市场营销的轶事就说明了这一点。

这个故事说的是联合利华准备在亚洲推出一款新的洗发水，一位淘气的营销员工在标签上写下一种虚构的成分——X9因子。包括高管在内的其他人都没有发现，数百万瓶包括这一惊人（但不真实）的成分的洗发水被生产和销售。考虑到召回可能带来的高昂代价，高管们决定保持沉默并从下一批产品上开始去掉这一虚假声明。然而当真地从瓶身上取消这一X9因子标识之后，联合利华反而收到了大量顾客的投诉，他们声称洗发水不再有效，他们的头发不再有光泽！

自始至终，华尔街同样在将简单的过程复杂化，也在向投资者出售包含虚假的X9因子的洗发水。当你在读本书的第二部分时，你有时可能会因为假设太简单而产生怀疑，就像《绿野仙踪》里的桃乐丝来到黄砖路的尽头，你可能会感到沮丧，因为那里没有所谓的"华尔街巫师"，只有一个在用镜子和烟来装神弄鬼的矮胖老人。但就像桃乐丝一样，你可能会发现，当虚假的希望破灭之后，我们将学会只靠自己，并把注意力集中在最重要的事情上。

在接下来的章节中，你将学到一种简单的方法，让你可以持续做好投资。听起来很简单，对吧？但事实并非如此。这件事情很困难，是因为在华尔街的疯狂世界里，做"正确"的事情可能会在短期得到坏的结果，而做"错误"的事情在短期内却会受益。想想保罗·德波德斯塔（Paul DePodesta）⊖的故事，他是一位棒球界的高管，因为《点球成金》（*Moneyball*）而著名。他在博客上写过一篇名为《这可能很

⊖ 《点球成金》中的助理经理，依靠棒球统计数据剖析法——赛伯计量学，全面评估球员的表现，从而创下佳绩。——译者注

危险》(*It Might Be Dangerous*)的文章：

> 很多年前的一个星期六晚上，我在拉斯维加斯的一个人满为患的赌场里玩21点。我坐在游戏桌的第三位，当时坐在第一位的玩家表现很差劲。他喝了太多的免费酒水，每过20分钟就要伸手从口袋里拿钱。
>
> 在某个回合中，这位玩家在前两张牌中拿到了17点。荷官已经准备进行下一轮，但这时这位玩家拦住她说："荷官，我要再加一张牌！"荷官停顿了一下，似乎为他感到难过，问道："先生，你确定吗？"玩家回答是，然后荷官就发了一张牌。果然，这是一张4。
>
> 现场的人群疯狂了，大家都在击掌祝贺，你知道荷官说了些什么吗？那个荷官看了看那位玩家，真诚地说："你做得好极了。"
>
> 我想，"真的是做得好极了？可能对赌场这是好极了，但对玩家来说却非常不好！不能因为它成功了就说决定的本身是正确的"。[1]

我将德波德斯塔的故事所描述的概念简单描述为，"你是做对了，但你仍然是个傻瓜"。也许你认识一个朋友，他在一只股票上下了大赌注，并获得了巨大的回报。尽管如此，你的朋友可能还是个傻瓜。也许你偶然凭借直觉在股市大跌前卖光股票离场，你很幸运，但这种偶然的运气不能证明你的投资是明智的。

终生投资计划不可以建立在运气的基础上。它必须建立在一个系统化的体系上，这个体系不论在好的时期还是坏的时期都不能被放弃。不能把追寻当下流行的东西当作一个长期的实践方针。

就像在赌场里一样，如果你在任何情况下都坚持原则，并意识到获胜的概率总是那么小，最终你将会得到回报。正如韦斯利·格雷（Wes Gray）博士在《量化价值投资》（*Quantitative Value*）中说的那样，"不断重复利用一个小的优势，可以带来极大的回报"。[2] 如表2-1所示，赌场在各类游戏中对玩家的优势都很小，但它们通过行为规范，反复利用小的优势，最后带来极大的回报。赌场的胜算并不来自大的优势，它们通过良好的行为和对小优势的开发赢得了胜利。这是 RBI 的基本前提。

表 2-1 持续运用小的优势

游戏	赌场相对于玩家的优势
游戏轮盘赌（双零）	5.3%
骰子（传球/进场）	1.4%
21点——普通玩家	2.0%
21点——基本策略	0.5%
三张扑克牌	3.4%
老虎机	5%～10%
视频扑克	0.5%～3%

经济学家理查德·布雷利（Richard Brealey）曾说过，对于某种策略，你需要反复运用25年才能有95%的把握说它是否有统计学意义上的优势。[3] 考虑到25年已经快接近一个人投资生涯的长度了，所以对于人们使用那些短期见效的方法（凭借事后效应）来追求利润，而忽视去建立一套完备的投资管理体系的做法，我们不应多加苛责。正如丹尼尔·卡尼曼所说，事后偏见"导致观察者根据结果的好坏，而不是根据这个过程的合理性与否，来衡量一个决策的对错"。[4]

因为你没有 25 年的时间可以浪费，你就必须选择一种在直觉和经验上都站得住脚的策略。我相信，接下来的内容既有理论的支撑，也有成功实践经验作为背景。遵循这一方法不能保证在任何时候都会带来好的表现，但它能帮助你克服困难和心理低潮，最终达成所愿。而且如果某一方法每次都有效，很快人们就会蜂拥而上，反而会让这一方法失灵。我要说的方法有两个特点：一是长期坚持使用它可以发挥作用，二是短期它可能由于表现不佳而让人苦恼。正是由于这两个矛盾的特点才使得这种方法长期以来能发挥作用。就像一个 21 点玩家在拿到 18 点之后收手不再要牌，虽然当他看到下家紧接着拿到一个 3 时会很痛苦，但从长远来说，做正确的事情总会获得回报。

在正式介绍这一方法之前，有必要进行一个简短的关于目前资产管理情况的总结。具体而言，我将阐述主动投资和被动投资的优点与缺点，并提出一个模型来帮助两者扬长避短。

资金管理状况

被动管理：安全操作方式的危险

被动投资管理本身非常简单，比如使一个基金的投资组合完全匹配或接近于某一市场指数（例如标准普尔500指数）即可。从哲学角度来看，被动管理植根于有效市场假说（efficient market hypothesis，EMH）。EMH认为市场会快速有效地在价格中反映所有相关的信息，这使得选股成为一个可有可无的选项。[5]因为，如果价格总是正确的，为什么还要做进一步的研究呢？

行为投资者却认为历史讲述着另一个关于价格错位的故事——一个微妙而有意思的故事。正如沃伦·巴菲特在谈到"有效市场理论"（efficient market theory，EMT）时所说的：

> 这一学说（EMT）曾经非常流行——实际上它几乎是

20世纪70年代学术界的"圣经"。从本质上说,用它分析股票之所以无用,是因为所有有关股票的公开信息都在价格上得到了反映。换句话说,市场无所不知。作为推论,教EMT的教授们说,用乱扔飞镖的方式选择的股票组合的表现,和最聪明、最勤奋的股票分析师选择的组合的表现,应该是一样的。令人惊讶的是,不仅学术界,而且许多投资专业人士和公司管理层也都接受这一观点。由于他们观察到市场常常是有效的,于是错误地得出结论认为市场总是有效的。然而这一推理过程相当颠倒黑白。[6]

由于进行被动管理的基金不需要花大价钱聘请明星基金经理,所以它的费用相对于主动型基金要小得多,这对投资者来说是一件好事。在同等条件下,投资者应该选择那些把管理费用计入基金业绩的基金,因为从长期来看,年复一年的费用会严重降低回报。

图2-1展示了费用可能带来的严重的负面影响,它假设投资者每月储蓄500美元,每年一次性投资6000美元,在35年中维持6%的年回报率。在没有费用的情况下(可能不现实,这里只是为了进行比较),投资者的账户增加到了67万美元。而在年费率为1%和2%的情况下,账户金额分别减少到54万美元和44万美元。35年中这2%的年费率可以造成惊人的23万美元的损失。这里传达的信息很明确:费率越低越好。

更重要的是,被动型基金并不只是便宜——确实在任何时间范围内,它们的表现都比主动型基金好。SPIVA记分卡(Standard & Poor's Indices Versus Active Funds)比较了主动型基金和被动型基金的表现,它显示对于5年期基金,89%的大型主动型基金的成绩不如同时间段的被动型基金，若将时间延长到10年，则这一比例将变为82%。（这还是在扣除基金经理的收费之前！）再看看那些小型基金——通常它们被认为由于收费低廉而更有利于进行主动管理，88%的小型主动型基金在过去10年里的表现落后于被动型基金。[7]

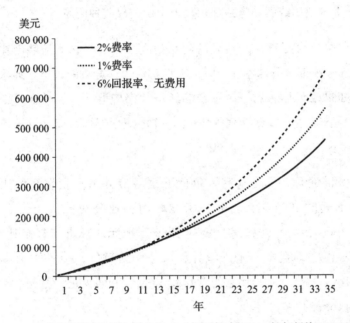

图2-1　35年期间投资费率的复合影响（年回报率6%，每年投资6000美元）

收费低而回报高，难怪连沃伦·巴菲特都认为被动型基金是绝大多数散户投资者的最佳选择。但这种好方法有没有什么弱点？是的，它也有弱点。

一个有缺陷的框架

就像一个建筑结构的好坏取决于它的基础，一种投资方法的优劣也取决于它背后的思想，而有效市场假说的基础是不稳固的。

回顾整个金融史，EMH 的核心"价格永远是正确的"已经被证明是错误的。400 多年前发生了金融史上有记录的第一个泡沫，一种商品的价格相当于一个熟练工人的 10 倍年薪。当时甚至有人用 12 英亩○的上等农田或者一座独栋别墅来交换一枚此种商品。

你可能会好奇这种贵重的商品到底是什么？它就是郁金香热潮时期的一枚郁金香球茎。当时的人们都认为郁金香的价格永远只涨不降。如果改天你遇到一个愚蠢的经济学家告诉你"价格永远是正确的"，那你可以立即点头表示同意，并用一个郁金香球茎要求他把房子换给你。

可惜的是，价格与基本价值严重脱节并不只发生在古代。在距今不远的 1998 年，当时一家互联网创业公司 eToys.com，营收只有 3000 万美元，利润为负的 2860 万美元，其市值却高达 80 亿美元。而它的竞争对手，即看起来并无新意的、传统的玩具反斗城（Toys"R"Us），比它的营收高 40 倍，利润为正，但是市值只有 eToys.com 的 3/4。[8]

估值上的巨大差异来自当时投资者对新兴互联网行业的热情。虽然玩具反斗城也有在线销售玩具的网站，但是狂热的投资者被网络初创公司承诺的未来的销售愿景所迷惑，无视一切传统的可衡量的销售数据等指标，选择了模糊的希望，然而那些希望最终撞在现实冰冷的岩石上，破灭了。在互联网泡沫接近尾声的时候，eToys 破产了，结果（你肯定猜到了）被玩具反斗城在 2009 年收购了。

○ 1 英亩 = 4046.856 平方米。

由于 EMH 是建立在一个错误的基本假设之上，因此基于这一理论的投资方法必须加以修正。吉姆·格兰特（Jim Grant）说得更有趣："认为股票的价值只由收益来决定，就如同忘记了人们当年曾经热衷于烧死女巫。"⊖

只是名义上的被动

按照一些被动型基金最忠实的追随者的说法，人们可能会认为，这些投资跟踪的指数是某种不受干涉的过程的产物。然而，我悄悄告诉你，类似标准普尔 500 指数这样的被动指数根本不是被动的。标准普尔指数的设定方法是选择一篮子"主导行业的领先公司"的股票，来反映宏观的美国经济状况。罗布·阿诺特（Rob Arnott）在他的《基本面指数投资策略》（*The Fundamental Index*）一书中描述了这种方法：

> 这个过程完全是主观的——既不遵循某种原则，也不依赖某个公式。有很多人甚至认为标准普尔 500 指数根本就不是一个指数：它是被一个委员会积极选定的投资组合——而关于这个委员会的委员是如何被选择的，就更是一个秘密！最近的记录显示其组合选择过程越来越带有偏见……其结果是，标准普尔倾向于选择那些近期受"追捧"而表现良好的股票，而不是近期表现差却有可能出现业绩改善的股票。[9]

简单地说，金融指数是一种主动干预的产物，因此同所有其他常规投资一样，也会出现偏颇。

⊖ 意指并没有什么确实的证据可以佐证。——译者注

为了揭示这种主观性的破坏性影响，阿诺特讨论了最近几年该指数的一些变化。1995年，标准普尔500指数中增加了33家公司，其中只有4家是从偏重科技公司的纳斯达克指数（NASDAQ index）中提取的。然而在2000年的互联网泡沫时期，在标准普尔500指数增加的58家股票中，有24家来自纳斯达克。此外，委员会绕过了规章制度，加入了美国在线（AOL）等受追捧但并不盈利的公司……通过漠视原则，标准普尔500委员会积极地操纵这个"被动的"指数，及时加入那些科技股，于是遭受了随后灾难性的损失。

委员会的胆大妄为严重损害了投资者的利益。从2000年3月到2002年3月，平均股价上涨了20%，而过于偏重科技股的标准普尔指数却下降了20%。一个被秘密选择的委员会不受约束地选择股票组成的指数，和一个由散漫的基金经理管理的基金，看起来没有什么区别。因此，被动型投资基金可能没有你想象的那么被动，它同其他积极主动追求回报的投资方法一样主观。

一种行为失调

去街上随便找一个人问应该如何投资，他很可能会兴高采烈地回答："低买，高卖。"被动投资的主要问题是它从根本上违反了这一条原则。被动基金跟踪的指数通常是根据市值进行加权的，这意味着公司股票的总市值越大，它们在指数中的权重就越大。正如阿诺特所说："市值加权的指数基金从概念上说就错了，因为我们的投资分配在一家公司的权重与股价挂钩，因此，它高估了估值过高的股票，低估了估值过低的股票。"

一只股票如果价格被高估，其吸引力将下降，但此时它在市值加权指数基金中的权重反而会增加。同时，一只因为价格被打压而形成一个购买良机的股票，其权重反而下降了。因此在实践上，指数基金做的事情与我们应该做的事情完全相反，最终导致我们高买低卖。

购买指数基金，被普遍认为是散户投资者最明智的投资方式，但其核心逻辑是非常有问题的。购买像标准普尔 500 这种市值加权指数基金，意味着你的投资组合在 2000 年时会有 50% 的科技股，在 2008 年会有 40% 的金融股。虽然指数基金能帮助我们克服一些行为倾向，例如多样化不足和出价过高，但也会形成其他不良后果。

行为学的投资方法是必须选择最好的指数（这样做有很多好处），同时也要改进其不足之处，注意不要选择那些价格已经很高昂的股票——历史告诉我们，它们的表现通常很差。

人人都在船的同一侧

我写这本书的时候是 2015 年年末，在这一年中，有 3/4 的资产采用了被动管理的方式。借助低费率，被动管理的资本的表现一如既往地击败了主动管理的资本。这也难怪现今有更多的资产转而采取被动管理的方式。

但是，金融历史告诉我们，普遍的共识往往预示着坏消息。正如阿伦·塔斯克（Aaron Task）在他的博客文章《骄傲导致失败：关于指数》（Pride Cometh Before the Fall: Indexing Edition）中所说的："当'每个人'都做同一件事情的时候，此时应该反向操作。比如说现在'大家'都知道，最聪明的投资方式就是投资指数基金。"[10]

另一个关于指数的警告来自杰西·费尔德（Jesse Felder）："'被

动投资'最终将成为自己成功的牺牲品。过去 15 年来,资金不断流入指数型基金,推高了其权重股的估值,使未来的投资回报率出现严重下降。而下降的回报率又将导致资金不断流出,良性循环将变成恶性循环。"[11] 纳西姆·塔勒布说:"我们一直在破坏经济、我们的健康、政治生活、教育和其他所有的东西……通过抑制随机性和波动性……这是当代的悲剧。就像神经过敏的父母一样,试图帮助我们的人往往伤害我们最多。"[12] 在资本市场中,如果每个人都做同样的事情,正确的事情就不再正确了。

指数基金表现好的原因在于多样化和低费率,但也因为它们没能做到那些"已知有效"的事情而导致收益未能实现最大化。正如沃伦·巴菲特对 EMH 投资方式所说的:"就像在进行某种智力竞赛——无论是国际象棋、桥牌还是选股,你最大的优势就是你的对手认为思考是无益的。"

只要再多一点思考并加以运用,普通投资者就可以利用历史教训来提高回报率,同时避免指数基金的陷阱——过分加大那些最昂贵的公司股票的权重。经验告诉我们,被动指数基金已经是一种很好的投资品种,只需要消除它的系统性偏见,我们就可以做得更好。

主动投资未能兑现的承诺

如果指数投资的目标仅在于追踪某一个市场基准,那么主动投资的目标就在于超越这个市场基准。主动投资方法的好处很多,可以带来超额回报,也可以用于管理风险。有些基金经理实现了双重目标,但还有许多人失败了。主动型理财在过去的 25 年里经历了一个低潮。

尽管这其中有些不公平（高频交易的引入），但主动型资产管理确实也因其内在的问题导致了其声誉的下降。

主动型管理的致命缺点是，即使不考虑费率，这还是一场零和博弈。平均而言，主动型管理的收益更差。就像棒球大联盟赛中每支球队的平均胜率都是 0.5，主动型基金经理的表现总是很一般——在扣除费率之前就是如此。这一点常常被主动型管理的反对者引用，他们常说："这不过是简单的数学问题。"

但是罗布·阿诺特说："主动的管理者未能利用定价错误来获得高于市场基准的业绩，这并不能证明这些定价错误很小，只是因为普通主动型管理者也只能获得一个平均收益。"[13] 但是就像棒球队整体上的平庸并不会降低比赛的观赏度一样——毕竟，每年都会有一支世界棒球大赛的冠军球队产生，因此即使主动管理基金的表现整体上比较平庸也并不能说明我们不能选择这一投资方式。平均水平较差，但可能有个别人表现非常好——所以当你下次听到"这不过是简单的数学问题"的时候，记住这未尝不是一件好事。

资产管理经理取得超常业绩的第一个障碍是交易费用以及管理成本。毕竟，哈佛金融工程博士毕业生可不提供无偿劳动！正如《基本面指数投资策略》所引用的那样，交易费用及管理成本的影响是巨大的，会对年化收益率有 0.5%～2% 的负面影响。2% 听起来可能不多，但打个比方，如果 10 万美元的投资以 10% 的复利滚动 30 年，最终会变为 174 万美元，而如果年度费用为 2%，最终价值会下降到只有 100 万美元。

另一个不利因素的来源是，每年都有许多主动型资产管理产品因为业绩不佳而关门歇业，它们的业绩可能不会出现在数据报告中。Arnott、Berkin 和 Ye 的一项研究表明，当失败的基金被纳入到评估中时，主动型基金的年化收益表现可能会再下降2%～4%。[14] 再回顾我们之前的例子，每年只有6%的回报率（将原来10%的回报率降低4%）仅能产生57.4万美元的最终价值——代价太大了！理解了费用和交易成本的负面影响，行为投资者就必须设法将交易费率和管理成本降到最低。

如果一位主动型基金的经理能够在纪律和技巧上都表现优异，投资者在付给他报酬的时候就不会吝啬。但研究表明，所谓的专业人士就像你我一样容易犯各种愚蠢的错误。查尔斯·埃利斯在《投资的常识》中指出："专业化管理的基金往往在市场顶部只保持最低的现金头寸，而在市场底部拥有最高的现金头寸。"[15] 和我们一样，当股票被追捧时，基金经理贪婪地买进，此时股价极易存在被高估的问题；当股价大跌时，他们就会因为恐慌而抛售，但可能此时股票反而值得买进。所以对于基金经理，你根本没有什么好感谢他们的。

更重要的是，这项研究甚至显示你很难知道究竟哪一位基金经理的表现最好。布赖恩·波特诺伊博士引用的证据表明，由专业经理管理的基金中只有5%表现出明显的管理技巧。[16] 如果丰厚的薪酬都不能保证吸引到最优秀的基金经理，那么你还有什么办法呢？在这一点上，行为投资者必须尽可能地使投资过程自动化，以避免因为偏见而选择了错误的基金经理和投资方法。也许你相信职业基金经理人能够超越人类自身的偏见，所以对其完全放手，但实际上这是不可能的。

主动型基金的经理们很快就学会了把宏观不利因素作为他们的替罪羊,并解释说借助于宽松的美联储政策,他们正在从深度衰退的阵痛中恢复过来。但事实上,上述趋势是普遍而长期存在的。贾森·茨威格在《华尔街日报》上说:

> 不论你曾经听到什么,或者曾经相信什么,我都要提醒你:表现不佳并不仅仅是过去几年的短期市场的临时性副产品。在截至1974年年中的前十年里,89%的基金经理的表现落后于标准普尔500指数。在截至1964年的前20年中,基金的平均表现低于市场110个基本点。1929～1950年,甚至没有一只大型共同基金的表现能超过标准普尔指数。无论你挑选哪个时间段,结果都是一样令人沮丧。[17]

令人鼓舞的是,许多著名的主动型基金的经理正在学习将行为金融学的发现融入他们的日常管理过程中。Brinker Capital、瑞银(UBS)、贝莱德(BlackRock)、巴克莱(Barclays)、美林(Merrill Lynch)、安联(Allianz)、摩根大通以及更多的经纪公司和资产管理公司正在组建行为学专家组织,用以改进它们的交易和发布投资建议的方式。虽然已经取得一些进展,但大多数基金经理已经很久没有好好表现了,他们的失败在很大程度上是因为对自身人性的无知。他们交易频繁,费用很高,又极易被情绪所左右,以及我们稍后将讨论的,他们没有有效地把自己的工作和被动型管理区分开来。

我相信积极管理的潜力,它既可以利用定价上的错误,又能保护投资者使其免受灾难性的损失,但这需要建立在充分理解投资心理的基础上。要想充分发挥主动管理的优势,就必须充分挖掘它的潜在优势（风险管理、绩效、克服行为上的偏见），而不是给出虚假的承诺。

作为对以上讨论得出的结论，投资业界正日益分化为传统意义上的主动型管理和被动型管理。但是当我们分别对两者进行讨论之后发现，它们都有各自的优势和劣势。主动型管理提供了超额业绩和实现良好风控的希望，但跟踪指数的被动型管理基金收费低廉，并且换手率低。从某种意义上说，所有的投资方式都是主动型的，包括跟踪指数的投资（除了真正的全球资本加权的那些）。所以更有意义的做法是讨论什么是可行的，什么是不可行的，如何最大化地利用我们掌握的每一个优势，而不是进行语义上的争论。

好的投资工具往往具有以下特点：多样化、低换手率、低费率和没有行为上的偏见。坏的投资工具正好相反：收费高昂、没有多样化、频繁交易以及在行为上带有偏见。通过将这两种想法相结合，扬长避短，我们可以避免行为偏见，将交易成本降到最低，并在最广泛的市场上追求超额回报。

表 2-2 概述了这种 RBI 方法是如何将主动型和被动型投资管理方法最理想地结合起来的。

表 2-2　基于原则的行为投资

	低费率	多样化	超额回报的可能性	低换手率	无行为偏见
RBI	√	√	√	√	√
被动型	√	√		√	
主动型		√	√		

管理行为风险

正如你现在看到的,关于资产管理的讨论在历史上被错误地简单分为主动型管理与被动型管理。这种分类对华尔街上的专业人士可能还有些意义,对投资者来说毫无益处。

一旦我们意识到所谓被动的指数并不是空穴来风,而是由一个委员会凭着自己的喜好组合起来的,那么现在最重要的问题就不是你是否需要主动的投资(因为无论如何你都在进行主动投资),而是如何把主动投资做到最好。但在回答"如何才能成为一名老练的主动型投资者"之前,我们必须首先回答一个听起来不那么舒服但更重要的问题:"如何才能避免成为一个差劲的主动型投资者?"

在棒球比赛中,善于防守的球队能赢得冠军,但只有场上最棒的四分卫才能得到女生的青睐。在投资领域中也一样,风险管理能带来好的表现,但超额回报才能获得媒体关注。如果你同意这个说法,那么请拿起任何一本关于风险管理的书籍，在其中你可能会读到两类主要的投资风险——系统性风险和非系统性风险。

系统性风险，也被称为"市场风险"，是指由于市场的波动而引起的任何投资都可能亏损的风险。多样化投资并不能真正抵抗任何系统性风险，因为一个滔天巨浪就可以吞没海面上所有的船只，即使你的船只设计再精巧不过，自然灾害面前一切平等。非系统性风险，也被称为"商业风险"，是指单个投资者投资某种资产可能导致损失的风险。这种类型的风险可以而且应该通过多样化来对冲——我们稍后将深入讨论此话题。

然而，你的教科书中可能不会提到第三种风险——行为风险，这种风险至少与其他两种风险一样重要。行为风险指的是因为你的行为导致的永久资本损失的风险。系统性风险来源于市场，非系统性风险来源于单项投资，而行为风险来源于你自己。

虽然大多数受过传统教育的投资者不会将行为风险作为主要的投资风险因素之一（他们在传统教育中仅仅接受了系统性和非系统性两种风险的观念），但我相信一旦听到这一想法，他们会很乐意将行为风险包括在内。因为我们都很容易联想到错误想法会带来灾难性的后果。

但是，要使大众认同这一观点并不容易。现在我们还需要让更多的人认同这一点，因为认同行为风险的定义是管理行为风险的先决条件。毕竟，你怎么能打败一个你看不到的怪兽呢？一旦我们定义了什么是行为风险，我们就能通过建立模型来提出一种投资哲学，并且避开任何错误的决策，再接下来我们就可以讨论挑选股票的具体细节。我们用图2-2展示这个过程。

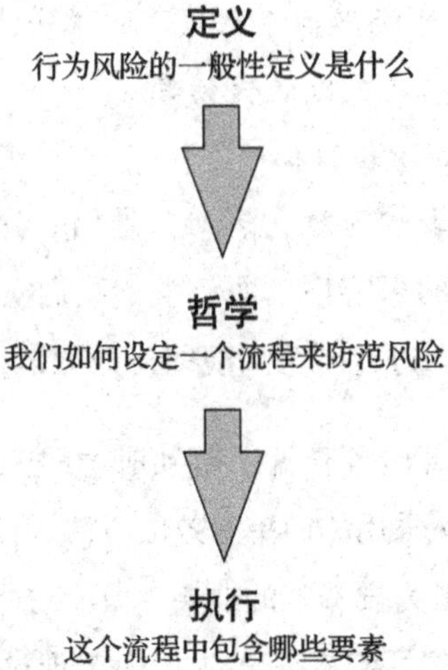

定义
行为风险的一般性定义是什么

哲学
我们如何设定一个流程来防范风险

执行
这个流程中包含哪些要素

图 2-2　行为风险流程图

为了避免我们因为逻辑混乱而做出错误的决策，我们应该先了解一些心理学家称为"灾难化"的想法。就像"滑稽化"这个词一样，"灾难化"其实不是一个合逻辑的词。灾难化指的是一种让你疯狂地想象所有可能的负面后果的行为。一个典型的例子如下：

> 我先是担心我的代数考试可能考砸了，接着很容易地，我会由此陷进去，"哦，不，"我想象着，"如果我代数考得不好，我就不能考进斯坦福大学，如果我进不了斯坦福大学，我的父母就会以我为耻。如果我既进不了斯坦福又被我的父母讨厌，我就只能住进地下室，在社区大学读书，然后每天和无聊的同学一起尴尬地吃晚餐。由于压力太大我可能会暴饮暴食，然后脸上长满粉刺，我将永远不会有机会和姑娘约会。日复一日，最后我以55岁的处男之身死去，而我

病态肥胖的身体只能用吊车从地下室里吊上来。想想看啊，这一切都是因为这场失败的代数考试。

这就是一个 A+ 级的灾难化思维！通常，这种想法是不恰当的，我们只想象负面事件的可能性，而忽视了我们实际上可以利用的无数资源。但如果我们试图进行行为风险的压力测试，这是个很好的例子。

《不当行为》，这部由理查德·塞勒所著的关于行为投资学起源的出色作品，讲述了他所采用的简单有效的方法，借此，他沿着该领域的现有发展路径搭建了行为投资学的框架。由于对所学习过的市场知识有所怀疑，塞勒开始构想所有在现实生活中出现过的情形。在那些情形中，他所认识的人与所谓的"经济人"（即那些总是能最有效地利用外在条件，并总是做出最理性的选择的虚构的个人）是不同的。仅仅用了一些简单的思维模拟，塞勒就发现了一系列异常现象，由此启动了上千个研究项目，极大地加深了我们对普通人如何做出财务决定的理解。

而这些异常行为的发现和记录仅仅是重要的第一步，由于没有更广泛的结构框架，它们对投资者来说还是用处不大。我们现在有很长的一份清单，列举了我们不完美、不成熟的地方，但缺乏下一步的行动方案。之前我们提到释放泰国囚犯的例子，例子告诉我们如果没有具体的解决方案，坏消息只会使问题恶化！

受到塞勒的启发，我开始让头脑构想那些可能导致投资功亏一篑的行为错误。我发现了将近 40 种情形，并从中寻找到共同的心理基础，然后顺藤摸瓜找到可以解决这些问题的通用方法。当我开始这个过程时，并没有任何先入为主的想法，尽量保持客观的态度。最终我发现行为风险有五个较为集中、突出的特征：

（1）自我；
（2）情绪；
（3）信息；
（4）注意力；
（5）保守主义。

我们可能会做出无数个错误决定，但是其中所有的行为风险都包含这五个因素中的一个或多个。这种分类是本书的独特之处，并且是创建"行为知晓"的投资管理流程的起点。如果我们能够在投资过程中发觉并消除每一种风险因素，我们就能够避免投资中的行为风险。

图 2-3 显示了行为风险的五个维度。接下来，我将更详细地阐述每一个维度。

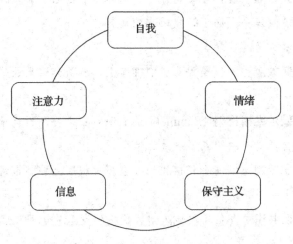

图 2-3　行为风险的五个维度

1. 自我风险

自我风险指的是以牺牲正确决策为代价来满足我们对自我能力的认同，比如老生常谈的所谓过度自信。当一个深思熟虑的想法受到挑战而激起防御心理或者深信由于自身的加入才能让一个项目更有可能成功时，过度自信就出现了。

自我风险会明显体现在一些事情上，比如说过于集中头寸、混乱而又过度地使用杠杆等。无论具体外在表现如何，其内在核心都是一样的——过度关心自己，置明智决策于不顾。

自我风险的例子

- **选择偏差**：倾向于赞赏自己选择的投资方式，诋毁自己未选择的其他方式。
- **过分自信**：对自身的能力和知识的自信超越了实际的情况。
- **确认偏差**：倾向于寻找能够确认自己投资理论的信息，而忽视那些否定的信息。
- **禀赋效应**：仅仅是因为我们拥有它，就认为这只股票变得有特殊价值的倾向。
- **塞默尔维斯反射**（Semmelweis reflex）：条件反射性地拒绝接受与自己坚持的观点不一致的信息。
- **幻想控制**：倾向于相信我们能在很大程度上控制市场，然而事实上并不是这样。
- **错误共识**：高估了其他人对我们投资理念的认同程度。

2. 信息风险

信息风险指的是由于得到的信息不完整、有缺陷或未加正确权衡，从而导致做出了错误的决定。当然，在帮助我们做出决定的信息中总可能会有一些错误存在，但这里强调的是人类思维甚至能够扭曲那些本来非常清楚的数据信息。抽象的数据本身是没有任何意义的，我们所拥有的信息是否"干净"取决于我们如何考虑它。

信息风险表现在我们对可能性的忽视（基本概率偏差），我们错误地认为信息越多越好，并且最糟糕的是——未能察觉到我们的偏见。信息风险在投资组合管理上体现在我们未能充分理解头寸的复杂性或流动性，重视结果而轻视过程，在考虑投资的方方面面时未能把有效信息从噪声中过滤出来。华尔街每年花费无数资金来改善传送信息的速度和获取专有资讯。这一切都很好，但行为投资者明白，信息要被人理解才能发挥作用。

信息风险实例

- **基本概率偏差**：倾向于忽略概率，而过于关注更引人注目的特定信息。
- **盲点偏差**：能够辨别他人思维中的错误，而不能辨识自己思维中的错误，即唐纳德-拉姆斯菲尔德（Donald-Rumsfeld）说的"不知道自己不知道"。
- **信息偏差**：错误的执念，认为更多的信息（无论多么琐碎）总能更好地帮助做出投资决策。

- **歧义厌恶**：偏好已知风险，忽略未知风险。
- **保守主义**：不能快速接受新的信息，并错误地相信未来会和过去很像。
- **琐碎**：过于重视微小细节的信息。
- **正常化偏见**：低估市场崩盘及其潜在的危险性。

3. 情绪风险

情绪风险源于我们对风险的感知程度，以及我们对积极或消极情绪的渲染。情绪会让我们低估坏事发生的可能性（鸵鸟效应）、不去思考事情变坏的可能性（积极偏见），甚至忽视情绪在我们的决策中可能发挥的作用（同理心偏差）。当恐惧来袭时，情绪的力量变得如此之大，以至于我们为了逃避痛苦而什么都不敢做（消极偏见）。

投资者如果想寻找情绪偏差在投资中的例子，应该从市场动荡时期找起，审视哪些交易在冒风险，哪些在追求安全，以及在市场处于顶部和底部的时候寻找跟随者（当别人害怕的时候也同样害怕）和某种逆向交易者（当别人害怕的时候反而开始贪婪）。

研究表明，情绪在我们做出选择时起着重要的作用。事实上，大脑中处理情绪的部位受损的人甚至无法做出一些日常决定，比如今天应该穿什么。这里的重点并不是要完全摆脱情绪，而是要理解压力、恐慌和失落感对我们的影响。

情绪风险的实例

- **情绪启发式**：风险感知能力会受到当前情绪的影响。

- **同理心偏差**：低估了情绪、高估了逻辑对我们决策的影响。
- **消极效应**：相比积极的方面，负面的事件或思想对我们的风险感知影响更大。
- **积极偏见**：错误地认为我们不太可能像其他人那样受到负面事件的影响。
- **鸵鸟效应**：试图通过掩耳盗铃的方式来逃避风险。
- **风险补偿**：基于主观的风险认知来调整冒险行为（比如司机在系上安全带后开始飙车）。
- **克制偏见**：错误地认为我们有能力在情绪波动时控制自己的情绪。

4. 注意力风险

注意力风险来源于我们习惯于用相对的方式来评估信息，并在做出投资决策时过分关注那些"突出"的信息。"突出"（salience）是心理学术语，意味着我们的注意力会被诸如鲨鱼袭击这样的"发生概率低，但非常可怕"的事物所劫持，而反过来忽略"发生概率高，但不太可怕"的风险，比如说在塔可钟吃了太多快餐。我们也倾向于把不熟悉的东西认为有高风险，比如偏好于国内股票（本土偏见）和偏好于熟悉的事情（曝光效应），而不去考虑它们的基本面。

投资中注意力风险的具体证据出现在交易过度拥挤、过分偏好国内股票、投资品种高度相关或者集体恐慌的时刻（比如对埃博拉病毒的恐慌）。鲍勃·尼斯（Bob Nease）博士认为，虽然我们的大脑每一秒需要处理1000万比特的信息，但我们的意识只会利用其中的50条！暗流涌动中有如此多的事情可能会影响我们的思想和行动，此时我们必须非常有意识地集中自己的那一丁点儿的注意力。

注意力风险的例子

- **锚定效应**：在做出投资决策时过于依赖眼前的信息（比如股票的价格）。
- **易得性偏见**：由于信息的容易获取性而高估了其影响或可能性。
- **注意偏向**：由于我们对某一问题的反复思考，而无法判断其实际的重要性。
- **本土偏见**：倾向于认为国内股票比国外股票更安全、可知性更高。
- **框架效应**：我们对风险的看法会因其是损失还是收益而变化。
- **曝光效应**：倾向于低估熟悉公司的股票风险。

5. 保守主义风险

保守主义风险是我们喜欢收益、讨厌损失，喜欢现状、讨厌变化的心理偏好的副产品。比起失败，我们更喜欢胜利，比起新的方式，我们更喜欢旧的方式，所有这些都扭曲了我们看清世界的能力。这种保守主义可以从我们对新的方式的抵制（现状偏见）中观察到，我们偏好于零风险，而不是降低风险（零风险偏见），以及我们优先满足当前的自我需求，而不是未来的需求（双曲贴现（hyperbolic discounting））。

有证据显示，人们总是把盈利的股票卖得太快，而把亏损的股票持有过久。在"上涨"时风险水平不高，而未能保持现状；在"下跌"时风险过大，却保持了太久。这些迹象都表明你可能成为保守主义风险的牺牲品。对变化和损失的厌恶是我们的原始欲望，需要一种行之有效的方法才能帮助我们识别和克服它。

保守主义风险的例子

- **厌恶损失**：对收益和损失感觉的不对称，因损失而来的失落感的强度远超因收益而来的愉悦感的强度。
- **现状偏见**：人类对一切都维持现状的偏好。
- **沉没成本谬误**：认为为了弥补过去的损失，必须冒更大的风险。
- **正常化偏见**：认为一切都将永恒。
- **零风险偏见**：选择将风险降低到零的方案，即使有性价比更高的其他方案（但不能消灭只能降低风险）。
- **处置效应**：股票一旦上涨马上卖出，一旦亏损却长久持有。
- **双曲贴现**：倾向于为了眼前利益而大幅贴现未来可能的收益。

用一个简单的过程解决问题

让我们花点时间回顾一下我们现在所知道的，然后再决定如何处理上面的信息。我们知道主动管理和被动管理投资的比较已经过时了，我们应该把注意力集中在投资方式本身的有效性上。我们知道，有效的策略包括多样化、低费率、低周转率和克服行为偏见。我们进一步了解到，传统的风险并不是我们面临的唯一危险，我们自己的行为至少和商业市场风险一样，对我们自己构成了巨大的威胁。特别是，我们必须设计一个流程，能够克服情绪、自我、坏信息、被错误引导的注意力和我们天生的厌恶损失倾向。这不是个小问题，但只要回想原则 1 中提到的约旦河问题，我们就会明白复杂的问题可以有简单但又优雅的解决办法。

克服行为风险不利影响的方法是找到针对其五个因子的干预手段。例如，面对自我风险时，我们可以对自己的成功和失败进行全面复盘，以对自己的优势和弱点有更深刻的了解。同样，我们也可以通过保持适当运动和控制咖啡因摄入来控制情绪（这两种方法都有助于调节我们的情绪）。这种来自常识的自省是值得称赞的，但还远远不够。自制偏倚告诉我们，面对恐惧，我们可以假装很坚强，但经验和研究结果却表明单靠意志力和个人努力还远不足以克服恐惧。对抗行为风险的更可靠的方法是创建一种更加简单的过程，对行为风险的五个因子的每一个方面都进行干预，并始终如一地遵循。

我们面对的无数行为陷阱可以通过简单而优雅的过程（即RBI）得到很大程度上的缓解。为了帮助你记住，这个过程用以下4个C表达。

（1）**一致性**（Consistency）：使我们摆脱自我、情绪和损失厌恶的牵绊，同时将我们的努力集中在一致的执行上面。

（2）**清晰性**（Clarity）：我们优先考虑那些基于证据的因素，而不是担心可怕但不太可能发生的事情，或者关注那些令人兴奋但细枝末节的事情。

（3）**勇气**（Courageousness）：能自动完成逆向操作，执行那些大脑认为很好，心里却忐忑不安的事情。

（4）**信念**（Conviction）：帮助我们在狂妄自大和妄自菲薄之间保持平衡，创造一个多样化的投资组合，足够谦逊，足够专注，足够关注长期回报。

为了更加深刻地理解RBI如何管理行为风险，接下来让我们更详细地讨论4个C中的每一个。

基于原则的行为投资的4C

先来回顾一下,以下基于原则的行为投资的4个C,可以帮助我们克服投资中的行为风险。

(1)一致性。
(2)清晰性。
(3)勇气。
(4)信念。

以下我们将更详细地展开研究。

1. 一致性

一致性是想象力匮乏的最后避难所。

——奥斯卡·王尔德

警告：我要告诉你一些你很难接受的事情。准备好了吗？这就是——你在投资上做选择的水平恐怕还不如一个简单的公式。你说什么？你从常春藤大学毕业？你是注册金融分析师？不好意思，一个简单的公式确实能做得比你好。

作为人类大家庭的一员，我们讨厌听到那些人类智力可以被取代的说法，或者甚至于（倒吸一口凉气）一台机器都可以打败我们！然而，谁还没有为卡斯帕罗夫（Kasparov）㊀与深蓝（Deep Blue）㊁或洛基（Rocky）㊂与伊万·德拉戈（Ivan Drago）㊃的对决喝彩过？虽然认为一套流程能超越人类的思维，冒犯了人类的高贵与浪漫主义，但可惜的是，在投资管理中，这些都是显而易见的。

推崇人类的伟大是可以理解的，它植根于人们对自我认同和自由意志的骄傲。但是来自全世界市场的证据将告诉我们自己行为模式的真实的另一面。马蒂·林德斯特伦说道："当伦敦地铁开始播放古典音乐之后，抢劫案下降了33%，对地铁职员的攻击行为下降了25%，对火车和车站的破坏行为减少了37%。"[18]

他接着说，环境甚至可以影响我们购买葡萄酒的决定：选择法国霞多丽还是德国雷司令？"在两周的时间里，莱斯特大学的两名研究员在一家大型超市里的葡萄酒区播放音乐，他们在不同的日子里播放法国音乐或德国铜管乐。在播放法国音乐的日子里，77%的消费者购买了法国葡萄酒，而在播放德国铜管乐的日子里，绝大多数消费者直接去了这家商店的德国商品区。"

㊀ 国际象棋大师。——译者注
㊁ IBM 公司的高性能计算机。——译者注
㊂ 好莱坞电影《洛基4》中的拳击手主角。——译者注
㊃ 《洛基4》中的机器人拳击手。——译者注

如果像音乐这样简单的东西都可以影响一切,可以想象在金融动荡时期暴风骤雨般的金融新闻报道和观点将如何戏剧化地驱动我们的行为。投资者可能听说过"当其他人害怕时应该贪婪"的说法,但是如果投资者在"其他人害怕"的时期收看CNBC的新闻报道,评论员不断地在夸张地说天要塌了,再加上她打开投资组合季报时所感受到的恐惧。在没有一套严格的决策流程约束的情况下,投资者很容易做出错误的买卖决定。

常识的局限性

为什么我们不愿意承认一套流程可以比我们的直觉做得更好?一个原因是,在许多情况下我们的直觉运作得很好。比如当你要从刚刚停止运转的烤箱里拿出一些东西时,你凭直觉就知道最好戴上烤箱手套。这是一个会提供即时反馈的简单过程的例子("哎呀!好烫!"),你只要跟着直觉走就好了。

然而投资是一种特例,它正好相反——它是一个不经常出现的过程,反馈并不及时,并且包含一个极其复杂的变量组合。诺贝尔奖得主丹尼尔·卡尼曼创建了一份包含五个变量的列表,这些变量导致了次优决策,最完美地描述了选股的过程。它们是:

(1)本身是一个复杂的问题。
(2)信息不完整而又不断变化。
(3)目标不断变化而又相互矛盾。
(4)压力大、风险高。
(5)必须与其他人互动,才能做出决定。

常识只能处理一些日常的普通决策，因为涉及变量的数量多、够复杂而且变化大，直觉并不能很好地处理投资决策。我们所有的决定都受到某种东西的影响：决策与大自然一样厌恶真空。基于原则的决策流程能够确保我们把注意力集中在正确的事情上，而不会为其他细枝末节分心。你不需要做一个详细方案就能把砂锅从烤箱里拿出来，但你会非常庆幸你乘坐的飞机的驾驶员能有一个详细方案，在管理你的财产的时候你也应该如此期望（无论是你亲自管理，还是请专家替你管理）。

虽然爱默生（Emerson）说过"愚蠢的执着是人类思想里的妖怪"，但你也应该看到很多重量级的人物因为固守某些执着而在生活的其他方面获得了更大的自由。比如美国前总统贝拉克·奥巴马尽量把所需的服装种类限制在很小的范围内，由此得以把精力放在更重要的治国问题上。尼克·萨班（Nick Saban）可以说是最好的大学橄榄球教练，他每天的早餐都一样（两个小黛比燕麦片奶油派），午餐也一样（沙拉），得以最大限度地减少分心，使自己能全身心地投入到教练工作中。这两个人直接或者间接地理解了关于"决策疲劳"的研究中的启示——做出一个决定，无论如何都会消耗我们的自制力或者精力，这将会影响我们做下一个决定时的储备。

如果一位父亲在杂货店花费了一个小时计算每盎司产品的价格，那么他很可能会在结账时因为精疲力竭而冲动购买，反而浪费了他的辛苦积蓄。一个节食的人在经历了几个星期的自我否认之后，可能会陷入疯狂的暴饮暴食中。我们集中精神和自我克制的能力是有限的，今天的节制为明天的过度播下了种子，除非我们能够让我们做出决定的过程完全自动化。

投资需要专注，无论是面对市场狂热保持冷静，还是在他人恐慌的时候买入便宜货。每天重复地做出这样的决定即使对最老练的投资者来说也是极具挑战性的。除非有一套原则能够帮助他每天认真执行。吉姆·西蒙斯（Jim Simons）在谈到这一过程时说："……如果你决定使用一套模型来进行交易，那你就应该自始至终遵循它，无论现在你认为它有多聪明或者有多愚蠢。"

医生：治愈你自己

我试着通过哲学来论证基于原则的决策过程的正确性，但也许你还是相信人类的聪明才智可以超越自动化的流程（我并不怪你！）。如果是这样，我希望以下的研究结果能改变你的想法。

乔尔·格林布拉特（Joel Greenblatt）是一位身价上亿的对冲基金经理，同时他也写作了许多关于价值投资的书籍，其中最著名的一本是《股市稳赚》(The Little Book That Still Beats the Market)。在这本书中，格林布拉特介绍了一个"神奇公式"——一个将价值考量与资本回报率相结合以建立投资组合的系统。他本人充分利用了这一公式（并且获得了丰厚的回报），同时也给了投资者两个选项：他们可以通过在该公司建立管理账户并授权公司管理其投资，或者自由地去除那些他们不喜欢的股票（虽然也是神奇公式选择出来的）。管理账户会机械地购买那些在价值和回报上分数最高的股票，而另一个自由账户允许投资者自己判断，删除那些他们不看好的股票，并进行更多的关于基本面的研究。

在格林布拉特为期两年的实验后，管理账户的回报率为84.1%，明显高于同期62.7%的标准普尔指数增幅。而作为对比的自由账户的回报率表现低于基准，仅为 59.4%。通过运用自己的自由裁量权，投资者成系统地持续排除了表现最好的股票，这可能是因为当那些股票的购买时机出现时，投资者被吓坏了。在执行一个有效模型的时候，人们努力操作的结果还不如什么都不做。

散户投资者并不是唯一因为忽视了框架原则而遭受损失的人；华尔街的那些最优秀和最聪明的人也会犯这样的错误，这是人类共通的。2004 年 9 月 16 日的《华尔街日报》报道了一家名叫 Value Line 的投资公司，其自诩有着无与伦比的挑选优秀股票的历史记录。这家公司也管理着一只以自己的研究报告为导向选股的共同基金。

综合其超过 5 年的业绩表现，Value Line 自己管理的基金累计回报率为负 19%，而那些遵循其研究报告建议的投资者却获得了 76% 的可观收益！怎么会有这种差异？原因是其基金的经理们并不遵循自己公司的研究来做出决定，而是自作聪明地认为自己的方法更好。行为投资者詹姆斯·蒙蒂埃说："尽管我们都认为我们可以在量化模型的输出中添加一些东西，但事实通常是量化模型的结果就是最终回报的天花板（你获得的只会比它少），而不是一个最低基础（你获得的可以从它往上加）。"[19]

1968 年，刘易斯·戈德堡（Lewis Goldberg）评估了一种基于模型的精神疾病的治疗方法，把通过它得到的结果和训练有素的医生的临床判断做了比较。结果显示：这个简单的模型不仅表现得比普通心理学家更出色，而且那些使用这种方法的心理学家的表现也是所有参与者中最好的。[20]

模型在其他领域（超过 45 个）的表现也优于人类。[21] 以下是几个例子：预测最高法院的判决、总统选举（Nate Silver）、电影偏好[22]、累计犯罪概率、红酒质量、婚姻满意度和军事上的成功。[23] William Grove、David Zald、Boyd Lebow、Beth Snitz 和 Chad Nelson 对一些已知研究的综合分析（meta-analysis）表明，模型的准确度在94.12%的情况下与专家的决策不相上下，这就意味着人类的智力只在5.88%的情况下超过了模型。[24]

预测大师菲利普·泰特洛克强调了以上综合分析的结果，"我不能在任何领域中找到人类明显优于外推算法的证据，即使算法本身并不十分复杂"。[25] 这项研究是明确的——如果在投资决策中你坚持采用人为判断，而不是遵循某种系统流程，那么你将做的越多，损失的越多。

与模型"调情"

人们对上述证据的最初感觉可能是不安的：因为它吞噬了人之所谓为人的核心。接着人们两种常见的反应是："我们能否把人类判断和模型结合起来，获得更好的一个中和结果？"以及"人类的判断力需要更多的训练来提高"。

可悲的是，这两种方法都不行。回忆前面提到的一些试图把判断和模型结合起来的例子。虽然这种基本定量（基本+定量）方法在直观上颇具吸引力，但中和结果只是比人类判断好一些，还是比不过模型本身。人类判断表现不佳的一个主要原因是我们习惯于错误地衡量不同变量间的权重。正如纳西姆·塔勒布在谈到这种中和方法时所言：

> 我们是有缺陷的，没有必要费心去纠正它。我们既容易犯错，又不适应身处的环境，以至于我们根本无法弥补这

些缺陷。我深信这一点，因为我花费了我所有成年以来的时光、我所有的职业生涯，将它们用于头脑与情绪之间的斗争。最后我唯一的收获在于学会了与我的情绪和平相处，而不是去反对它。也许我们并不应该试图摆脱我们的人性；我们需要的是一些诡计和花招，而不是长篇大论的道德说教。作为经验主义者（特别是持怀疑态度的经验主义者），道德主义者是这个星球上我最讨厌的人：我不知道他们为什么迷信那些无效的方法。他们认为对人类的行为施加控制的是我们的认知，而不是我们的情感。现代行为学证明这些结论是完全错误的。[26]

教育的角度（试图通过学习来提高人类的判断力）也许有直觉上的吸引力，因为在生活的其他方面，恰当的教育确实能够帮助我们。然而当我们把视线转移到关于在压力下做决策的例子时，我们悲惨地发现，在最需要的时候，教育是最没用的！研究表明，我们在压力下丧失了大约13%的认知能力，这意味着即使我们接受了正确的教育，我们的情绪也会凌驾于一切的教训和经验之上。塔勒布的话又一次得到了验证："即使我们意识到了我们的偏见，我们也必须认识到，知识并不等于行为。关键在于我们能否设计并采用一种能对抗行为决策错误的方案。"

作为进一步的证据，Dinkelman、Levinsohn和Majelantle发现，博茨瓦纳91%的男性知道使用安全套有助于预防艾滋病，但只有70%的男性使用它；92%的妇女知道安全套的好处，但只有63%的妇女使用它。[27] 举一个更近点的例子，你知道过量饮食、大声训斥孩子或者偷懒不去锻炼不好，但你还是都做了。不是因为你不知道道理，而是你的情绪战胜了你的理性。教育并不能控制行为。想象一下如果你在每年元旦定下的饮食原则能在一年剩余的时间里被严格执行，你将会多么健康。虽然在饮食和运动的世界里这只会是一个童话故事，但在投资界，这却在投资者力所能及的范围内。

我相信巴里·施瓦茨（Barry Schwartz）所说，"……如果'约束'有时候能带来解放，而'自由'会带来奴役。那么我相信人们就会明智地寻求某种方式来实施一定程度的自我约束"。[28] 自我请求我们依靠我们自身非凡的思考和观察能力去押大赌注。情感告诉我们应该用此刻的感受来作为衡量安全或危险的标准。电视上的激烈报道每天都在试图制造一场新的危机，吸引我们关注那些骇人听闻但发生概率并不大的事情，而我们对失去和变化的恐惧却让我们在彻底瘫痪和躁狂不定之间摇摆。在一个充满行为风险的投资环境中，人们需要一种持久的平和心态。

正如高盛前建模大师伊曼纽尔·德曼（Emanuel Derman）所说："物理学和金融学的相似之处更多是在于它们的语法，而不是语义。在物理学中，你是在与上帝作对，而上帝并不经常改变他的原则。在金融学中，你是在与上帝的造物作对，即与那些以他们朝三暮四的观点评价资产的代理人进行博弈。"[29]

我想表达的是其实你一直在押注于不确定性。我要你们做的是坚定不移地押注于人类的不理性，这确实是一个赌博。承认仅凭着教育、智力或意志力不足以让你成为你理想的投资者，这是一件痛苦的事情，但承受亏损更让人痛苦。

行为校准模型

思考："程序可以战胜人力。"

提问："如果我能自动做出一些决定（比如吃什么，穿什么），我在其他领域的结果是否会有所改善？"

行动：为基金的买卖、持有和再投资设定系统参数，并遵循这些参数。

---

2. 清晰性

简单是终极的复杂。

——达·芬奇

纳西姆·塔勒布兴高采烈地讲述了一个故事，讲述了我们对创新的看法，以及我们如何最大限度地努力创新，却最终把事情越做越复杂。塔勒布指出，轮子是人类在6000年前发明的，但轮式行李箱却直到1970年才被发明。事实上，人类甚至在发明轮式行李箱之前就已经实现了载人航天飞行（1961年5月5日）！

多年来，饱受折磨的旅行者总是独自拖着沉重的行李箱精疲力竭地离开机场。一开始的时候，有一种轮式外框架的形式，可以套在行李上，或者绑在行李带上。后来虽然经过几次改进，但这种样式还是显得很笨重。只是在最近几十年来，轮子才被直接装在行李箱上，一个看起来凭直觉就可以做到的事情我们却花了6000年。

塔勒布在谈到这个话题时说："政府和大学实际上为创新与发现

做的工作非常非常得少,原因除了它们盲目的理性主义外,还有它们花了太多精力在严谨的、复杂的、耸人听闻的、有新闻价值的、有故事性的、科学的和宏伟的事情上,却从来不会想到给行李箱加上轮子。"[30] 当你看到一个发明或想法时,你可能会想,"为什么我没有想到?"原因可能与你用力过头相关。

地狱之路

关于华尔街为什么让金融规划和投资的过程如此复杂化,其背后有许多原因——有些是邪恶的,另一些则不是。正如布赖恩·波特诺伊博士所指出的,华尔街"对复杂性的迷恋"是几种目标的混合体:将收费合理化、试图理解一个复杂的系统、将复杂等同于老于世故。正如门肯打趣的那样:"让人苦恼的是,真相往往既让人不舒服,又常常是乏味的。而人类的头脑偏偏追求更有趣、更热切的东西。"无论有什么动力,通往低回报的道路都是用复杂性铺就的,就像通往地狱的道路是由善意铺就的一样。撇开动机不谈,复杂性是致命的。

《选择的悖论》(*The Paradox of Choice*)一书的作者巴里·施瓦茨研究了是什么因素决定了我们能否做出正确的决策,他发现了3个连续出现的主题。[31] 施瓦茨发现,在我们需要做出复杂决策的时候,第一步是花费更多的时间和精力,接着犯了比平时更多的错误,再然后这些错误变得越来越严重。考虑到今天市场上共同基金的数量是50年前的45倍,你就可以想象投资者在决定如何投资时面临着如何艰难的局面。[32]

在我们居住的世界里,复杂的东西能带给我们很多好处,比如由于医学和科技变得越来越复杂与进步，我两岁儿子的同龄人中有 1/3 将可以活过 100 岁，因此我们很难接受投资管理的简单性原则。IBM 最近的数据显示，我们每天都要创建超过 2.5 百万兆字节的数据。打一个比方，现在，我们每 3 天创建的数据内容比从公元元年到 2000 年的两千年中所做的还要多！的确，其中一些内容是无关紧要的宠物视频，但也包括那些向大众提供的教育内容、让政府和公司承担社会责任的内容。尤其毫无疑问的是，日益复杂的医学和科技的发展对人类社会产生了深远的积极影响。

如果复杂性在其他地方是有益的，那么似乎有理由认为在投资界也一样。归根结底，更大的透明度和更多的信息能在生活的很多方面帮助我们。再一次，华尔街的疯狂世界成为这一原则的例外。贾森·茨威格谈到，当下的信息过剩实际上将股票投资与其真正内涵脱钩：股票意味着企业的部分所有权。茨威格说：

> 不论是在酒吧、理发店，还是厨房和咖啡馆，甚至在出租车上和卡车服务站，形形色色的金融网站和电视持续不断地播报股票数据，把股票市场变成了全天候的面向全国的电子游戏。公众比以往任何时候都可以更容易地获取市场信息。不幸的是，当人们沉溺在数据的海洋里时，他们无法找寻到真正的知识。股票完全脱离了发行它们的公司——变成了纯粹抽象的概念，只是在电视或电脑屏幕上闪烁，一闪而过，仿佛什么也没有发生。[33]

投资大众获得了泛滥的信息，却缺乏对其进行批判审查的训练。

这些信息起到的作用不是启迪智慧，只是触动情绪。

技术的每一次飞跃都会带来一系列意想不到的后果，其中一些与技术被发明的目的不符。保护我们的警察和士兵的先进武器也会被用来屠杀学龄儿童；带着我们在假期去拜访亲戚的飞机也会让我们失去经常出差的家人。同样，金融技术的进步给投资者提供了更多的知识和更低的费用，也导致了短期主义的泛滥和 DIY 的心态——这种心态无法在心理上有所帮助。

如图 2-4 所示，在过去 60 年里，股票平均持有期几乎每十年缩减一半。随着交易变得越来越频繁，费率越来越低，金融新闻越来越丰富，股票的平均持有期也大大缩短了。这似乎并不是什么大事，直到你意识到持有期与回报有着直接的关系，那些有更多耐心的人会获得更高的回报。正如内特·西尔弗（Nate Silver）所说："每当信息增长超过了我们处理它的能力时，我们就会面临危险。过去 40 年的历史表明，要将信息转化为有用的知识还需要很长时间，如果不小心，我们可能会栽跟头。"科技进步可以也应该是我们的朋友，但我们必须确保我们的技术不会将我们的心理因素忘得一干二净。

当少就是多

金融信息过载的另一个后果是，它会让不同变量之间显示出虚假的关联。据内特·西尔弗报道，政府每年都会发布 4.5 万个经济变量的数据。将这一现象与相对较少出现的戏剧性经济事件（比如自"二战"结束以来，美国经济只出现了两次衰退）结合起来，你就会能理解西尔弗所指的"将数据放入搅拌机变成高级美食的现象"。[34]

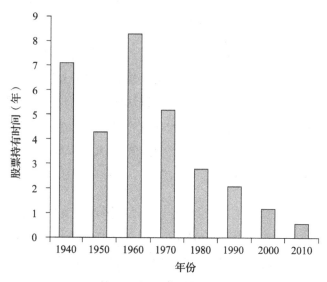

图 2-4 以十年期计算的股票持有时间

在一个大数据的世界里,我们经常看不见"这是门好生意"的森林,而迷失在一个挂满了深奥的数据的树上。无论深奥的数据专家们提出什么想法,其中可能总会有一些指标看起来和股票回报相关,却无法通过一项简单的测试,即"这件事情与我是否应该成为这家公司的股东的问题相关吗"。

丹尼尔·卡尼曼和阿莫斯·特沃斯基关于"银行出纳员琳达"的研究提供了一个强有力的例子,说明更多的信息并不总是更好。这两位研究人员证明了他们所观察到的东西——情绪信号可以压倒一切可能性。我们现在把这称为"基准率下降"。这两个人提出了一个问题。

琳达今年31岁,单身,心直口快又非常聪明。她主修哲学。作为一名学生,她较为关注社会歧视和社会正义问题,并参加了反核示威活动。

以下哪种可能性更大？

（1）琳达是一名银行出纳员。

（2）琳达是一名银行出纳员，并且是活跃的女权主义者。

如果你理性考虑这个问题所涉及的任何可能性，你就会明白女权主义的银行出纳员是银行出纳员的一个子集。但大多数人会在真实信息的噪声中成为牺牲品，从而选择了答案（2）。我们的头脑中充斥着各种先入为主的女权主义者的特征，而琳达符合其中的很多特征。

正如有关琳达的冗余信息使我们无法判断什么才是最重要的，很多作为额外建议的信息都是市场营销的手段或者肤浅的知识诱饵。正确的股票选择方法关注真正重要的事情，忽略一切细枝末节的东西。如果每件事情都是重要的，那就没有一件事情是重要的。

安德鲁·霍尔丹（Andrew Haldane）是英格兰银行的金融稳定执行总监，在他的演讲"狗和飞盘"（The Dog And The Frisbee）中提出了一个令人信服的学术论点。霍尔丹首先提到了关于如何接住飞盘的原理，"需要权衡一系列复杂的物理和大气因素，其中包括风速和飞盘旋转速度"。他的问题是：大多数人是如何掌握如此复杂的原理的，甚至狗掌握的比人还好？答案在于使用一个简单的经验法则——用合适的速度奔跑，使移动的圆盘和目光保持在同一水平。霍尔丹认为，问题越复杂，解决方案就必须越简单，以避开统计学家所说的"过度拟合"现象。

霍尔丹给出了一些过度拟合的例子。首先是复杂的体育博彩算法，在考察这些算法的历史表现之后，他发现这种复杂的方法的表现还不如一种"识别启发"的方式——这种方式仅仅是非常简单地选择任何你听说过的球员或球队。他接着说："实验证据显示，在其他事情上，情况也是如此。当医生在下心脏病诊断时，采用一个简单的决策树模型可以胜过任何一个复杂的模型。在寻找连环罪犯的侦查中，简单的定位方式胜过复杂的心理画像方式……在计算重复购买数据时，小店主的想法要胜过任何一种基于复杂模型的计算。"复杂的问题会产生杂乱无章的结果，这些结果只能用宏观的、简化的框架来理解。

霍尔丹比较了在风险已知和风险不确定（例如投资于股票市场）两种条件下的管理原则。他说："处于风险中时，应该对每一滴雨滴做出反应，这是可以进行精细调整的。而在风险不确定的情况下，逻辑被逆转。复杂的环境往往需要简单的决策原则。这是因为这些简单的原则更持久有效。在不确定的情况下，只应该对暴风雨做出反应，这是一种粗糙的调整。"这句话有道理的地方在于有太多太过复杂的因素可以影响到市场，因此需要一套简单的原则来应对。就像人类通常不会通过计算速度、旋转、风速和轨迹来接住飞盘，一位陷入每一个市场细节的投资者，将注定饱受煎熬而又得不偿失。

大数据＝高回报吗

复杂性的另一个危险是，它有让人们将它与高额回报相关联起来的可能性，这是因为人们会错误地认为，像股票市场这样的复杂系统需要同样复杂的解决方案。然而，恰恰相反，正如爱因斯坦所说："我们不能用制造问题的同一思维水平来解决问题。"

的确，市场是一个复杂的动态系统，其输入参数多到无法计算。此外，市场及其参与者是如此多变，以至于你"绝不会两次跨进同一条河流"。试图关注市场细节只会让人发疯、变得沮丧和荒废时间（更不用提浪费手续费了）。

不必要的复杂性也会带来看不见的复杂情况，2007～2009年的金融危机就证明了这一点。金融产品被包装了一层又一层，直到成为沃伦·巴菲特所称的"大规模杀伤性金融武器"。在许多情况下，销售甚至制造这些产品的人对他们组装的产品一无所知，更不知道它们如何与更广泛的金融体系互动。纳西姆·塔勒布写了一篇文章，在其中他把不必要的复杂性称作"流苏"，"一个复杂的系统，与人们所相信的相反，不需要复杂的规章制度来管理，反而是越简单越好。复杂性会导致预料之外的乘法效应……然而在现代生活中实施简单化是很困难的，因为它违反了很多人的想法，他们试图通过把一切变得复杂来证明自己的专业性。"

复杂化有很多作用——它给华尔街提供了一个向你收取更多费用的借口，它为那些边际价值为负数的人提供了职业，它只是大声嚷嚷一些对投资者没有任何益处的事情。就像本·卡尔森所说："简单比复杂好。传统的方法比标新立异好。一个长期的流程比短期的回报更重要。愿景比战术走得长远。"[35] 投资的最大矛盾之处在于，对于市场的巨大复杂性，唯一合理的反应是持续地只做最重要的事情。

复杂的投资管理方法总是非常吸引人，满足了人们对复杂性的渴望，但这终归都是有害无益的。

行为校准模型

思考： "有比没有好，但少比多好。"
提问： "这个决策中最重要的3～7个因素是什么？"
行动： 除了以上3～7个因素，其他噪声统统忽略。

60秒

请花点时间想一想在你生命中对你最重要的人——你的伴侣、你的孩子和你的父母。在不到一分钟的时间里，大声说出他们对你意味着什么，以及他们为什么如此重要。做到这一点应该不难。

现在，用同样的方法在60秒内向我解释你对一项投资的渴望。也许你可以轻松地做这件事，但大多数人会觉得这一话题比以上关于亲密关系的话题要复杂得多。有一种衡量我们对某种事物的兴趣或者能力的方法，那就是看你能否用简单的语句解释清楚这种事物，不管我们是在谈论爱情、棒球还是行星的运行规律，真正对之感兴趣的人能够非常流利地把抽象的概念加以简化。

既然如此，请打电话给你的财务顾问，让他在60秒内解释一下他们在如何管理你的钱。如果他们变得结结巴巴或缺乏系统性（不管是哪种方式，这都是坏消息），不能马上给你一个合理的答案，或者更糟糕的是他们给了你一套过于复杂的胡说八道，又或者说的话超出了你的理解能力，那么这也许暗示着你该去寻找一个新的财务顾问了。正如本·卡尔森所言:"财务顾问解释投资方式的时间越长,情况就越糟,因为天真的投资者会信以为真。"

现在,在我们继续开始之前,你真的应该给你生命中的那些重要人物打电话,告诉他们为什么他们对你如此重要。

3. 勇气

所谓的勇气,指的是就算怕得要死,也要继续策马前行。

——约翰·韦恩

贾森·茨威格写过一本相当幽默的书《魔鬼的金融学辞典》(The Devil's Financial Dictionary),书里挖苦了华尔街的文化和它用的行话。其中一些机智的定义包括:"日交易者(Day Trader):名词,请参考傻瓜""共同基金:名词,一种并不平等的基金——投资者平均分担所有风险,而经理独享所有的收费"。

尽管茨威格在他的财务辞典里没有包括"勇气"(Courage)这个词,但让我猜,他可能会将其写成:"华尔街的所有美德中,被谈论的最多,但出现的最少的那个。"我 6 岁的女儿都知道股票应该低买高卖,但无论散户还是机构投资者,他们的所作所为正好相反,而且越在市场变得可怕的时候越是如此。因此,一个旨在纠正我们最基本的人类冲动的系统,在引导我们走向勇气的时候,必须具备两个特点:必须引导我们听取非共识的观点,并对此始终保持专心致志。

与众不同是值得的

出现以上提到的两个特点的原因很简单:获得更好的结果往往需

要另类的思考。价值投资者本杰明·格雷厄姆打趣道:"如果一个投资者根据今年的成绩,或者别人的建议来为来年选择股票,他很快会发现其他人也会因为同样的原因做出同样的选择。为了获得比平均成绩更好的回报,投资者必须遵循以下策略:①内容自圆其说、愿景令人信服;②不受华尔街追捧。"[36] 霍华德·马科斯也赞同这一点,他说:"为获得更好的投资回报,你必须对价值发现持有非共识的看法,并且保证你的看法是正确的。"[37] 击败他人的唯一方法是与众不同,这说起来容易做起来难,因为对于我们人类这一物种,我们通常习惯于从团结一致和互相模仿中获得很多收益(投资除外)。正如人们所说,好的投资者大部分的时间里都是孤独并且被嘲笑的。塞思·克拉曼(Seth Klarman)说:"你不会因为总与团队保持一致而变成一名价值投资者。"[38]

Cremers 和 Petajisto 引入了一种勇气的衡量标准,即所谓"积极分享"。在他们开创性的论文中,作者写道,"你的基金经理有多积极?这是一种预测业绩的新指标"。[39] 积极分享是一种直观但有力的衡量标准,"它代表了与基准指数持有不同的投资组合的份额大小"。基本上,这里指的是一个基金经理有多大勇气持有非共识的观点并公之于众让别人跟踪。在检查了为期 23 年间的 2650 个基金之后,这两位耶鲁大学的教授发现了最有勇气的基金(比如,拥有 80% 或者更多不同的投资组合的基金)的表现高于市场平均值 2%~2.7%——付出的勇气得到了回报!

正如我在整本书中反复强调的,知道该做什么与真正去做它是两码事,这就是为什么勇气需要借助其他原则(比如一致性和信念)来实践。通过自动化的股票选择过程,即一致性,我们克服了胆怯,并且不用去和大众一起"凑热闹"。通过持有一个集中的投资组合——信念，我们可以降低最终持有和基准指数一致的组合的可能性。

以不变应万变

勇气指的不是简单地唱反调，它意味着在相当容易地逃离精神上的过山车的情况下，依然坚持长期的观点不动摇。

人们总是在坚持不懈地追求在最恰当的时刻跳进、跳出市场。毕竟，就像 Quartz（一家媒体）在 2013 年的"完美市场时机"中所说的那样，"如果一个交易员，能在年初的时候在交易账户里投入 1000 美元，并且在当年余下的 241 个交易日里，每天都把所有的钱投入在当天表现最佳的股票上（根据标准普尔 500 指数）。那么到年底，她的股票账户里将有 2640 亿美元"。[40]我们都明白这种精确的投资是不可能实现的，但即使是更粗犷的能够预测大涨大跌的方法也只是纸上谈兵（只是凭借着事后诸葛亮的看法，会很容易），但在实践中很难做到。

试图预测非系统性的市场时机安排是不可能完成的任务，已经有研究证明了这一点。一项对 200 多个市场时机简报的研究发现，只有 1/4 的预测是正确的。[41]杜克大学的两位教授所做的研究同样说明了这一点，1991～1995 年，只有最佳的 10% 的关于市场时机的判断可以帮助投资者实现 12.6% 的年化收益率。然而，在同一时期，如果对市场时机不做任何判断，只是单纯地跟着指数购买投资组合，却可以实现更高的 16.4% 的年化收益率。这说明即使拥有最佳的市场时机判断，回报也比那些"懒惰的投资者"差得多！内格特·塞本（H. Negat Seybun）教授考察了大型市场为期 30 年的时间范畴，在总共

7500个交易日中,有90个交易日贡献了大约95%的收益。因此只要你在那仅仅约占总量1%的交易日中离开市场(可能因为你错误地估计了市场时机),你的收益就会微乎其微。[42]

正如博客"538"上的一篇出色的文章所言,即使是遵从那些看起来很有道理的方法也是不可靠的。[43]1980～2015年,"想象一下有两个人在1980年各自投资1000美元在标准普尔500指数上。第一个人自从买入之后从来不卖出,第二个人行为更加谨慎:每当市场下跌超过5%的时候就全部卖出;每当市场从波谷上涨3%之后就全部买入。最终第一位投资者的账户结余为18 635美元,第二位投资者只有10 613美元"。原因在于,虽然市场会周期性地下跌(曾经有100次一天内跌幅超过3%,24次一天内跌幅超过5%),但每次下跌之后都会有对应的回弹。"有时下跌之后立刻开始回弹,有时在几周或者几个月内发生。但一旦回弹开始,速度都很快。如果你等到回弹明显可见的时候再开始行动,那就错过了最初的收益。"

一则古老的投资寓言这样说,待在市场上的时间要比选择市场时机重要。现在看来,这则寓言很有道理。伯顿·马尔基尔认同地说,市场上涨的机会是下跌的3倍多,这意味着"当你选择持有现金而不是股票时,这个选择正确与错误的比率是1:3"。[44]明星基金经理彼得·林奇(Peter Lynch)进行了一项1965～1995年为期30年的研究,他发现选择时机对于长期投资者的意义不大。在每年市值最低或者最高的时候买入的年化收益分别为11.7%和11%,几乎没有什么差别,尤其考虑到实际上投资者不可能每年都准确地在最差的时机(市值最高的时候)买入股票。

但看到了众多很难进行战术型投资的证据之后,市场心理学的学生发现自己的处境相当尴尬。一方面，他明白选择市场时机是无效的努力；另一方面，他也知道历史上曾经出现过市场价格水平与基本价值大幅脱节的情况。从咆哮的二十年代（Roaring 20s），漂亮的五十年代（Nifty Fifty）到互联网泡沫和次贷危机，狂热时期的出现相对频繁，很容易被典型的估值方法发现，并毁灭投资者的财富。在这本书的写作过程中，纳斯达克指数比16年前的高点低了15%，就算对最有耐心的长期投资者来说，这个现实也很残酷。

因此，如果原则是"不要选择进入市场的时机"，那么这条原则是否可以有例外呢？我认为可以有，但正如我们对勇气的强调，这种例外是罕见的，执行起来会很痛苦，并且与你通常的感觉背道而驰。毕竟风险的危险之处在于，你认为最不危险的时刻，往往是最危险的时刻。

避免灾难性损失

在过去的100年间，全球经济创造和累积财富的能力震惊了世人，并一度抑制了长久以来的悲观主义。但实际上全球的经济繁荣始终没有摆脱地震般剧烈波动的阴影。正如莫柏·费柏尔（Meb Faber）指出的那样，"七国集团中的每个国家都经历过超过75%的股市跌幅。从数学角度上说，75%的跌幅需要300%的增幅才能收复失地"。[45] 他接着说：

> 20世纪20年代末和30年代初的美国股票、10年代和40年代的德国资产、50年代中期的美国房地产、80年代的日本股票、90年代末的新兴市场和大宗商品，以及2008年的全部投资品，都可以解释为什么持有这些资产是一个非常

不明智的行为。大多数个人投资者都不会有足够长的时间从这种巨大的损失中恢复过来。

通常情况下，购买并持有对大多数人来说都是正确的，但并不能保证在所有的时间区间内都是正确的。正如图 2-5 所示，股市在某种程度上重复出现着一个为期 15 年的低增长周期。如果你在那个周期内选择了购买并持有的策略，那就看起来不是一个好策略。

许多坚持购买并持有传统的投资者，可能会很讨厌我，尤其是当我建议投资者有时（虽然很罕见）应该寻求安全并变得保守时。许多人会举出沃伦·巴菲特的例子（巴菲特一再表示其最喜欢的持有期是"永远"）作为反对任何形式的市场时机选择行为的证据。

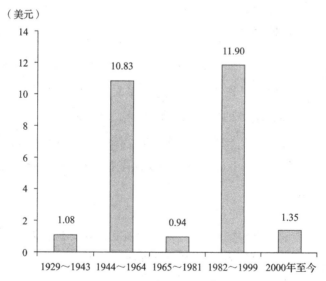

图 2-5　以 1 美元为基数，标准普尔 500 指数的实际增长率（经通胀调整后）

然而，巴菲特的话是一个经典的关于"照我说的去做，但不要我做什么你就跟着做什么"的例子。在本书写作的 2015 年年末，伯克希尔持有的现金达到了其历史峰值（超过 500 亿美元），而此时的股票估值却非常低，与互联网泡沫破灭、经济大萧条和大衰退时的水平相当。正如大卫·罗尔夫（David Rolfe）在谈到股神时所说的那样，"巴菲特不是为了买而买，他是我见过的最能把握市场时机的人"。[46]

说到巴菲特，在他 1992 年给伯克希尔 – 哈撒韦公司董事会的报告中，可以找到一句不那么简洁但更贴切的话："经现金贴现计算后的最便宜的股票是投资者最应该购买的……另外，虽然价值公式告诉我们股票通常比债券便宜，但也不是永远这样：当计算显示债券成为更有吸引力的投资标的时，就该购买债券。"

股神并不是一个"永远只投资股票"的投资者，而是一个深思熟虑的、善于抓住市场时机的人。股神预料到了互联网泡沫，他今天又在做预测。这么做并不是出于鲁莽，而是出于对概率的理解。高价格加上疲软的势头和负面情绪通常预示着糟糕的回报。这一次可能会有所不同吗？我不这么认为，巴菲特也是如此。

让我们盯紧市场时机，时刻警惕泡沫以避免灾难性的财产损失，这是很好的建议。但具体来说我们到底怎么做到以上这些呢？在确定资产泡沫时，我们可以考察 6 个对象，但要注意的是，它们极少同时出现（这就是为什么当它们同时出现时，投资者应该立刻做好准备）。

（1）**估值过高**。在美国历史上每一次重大崩盘之前，股票价格都显著高于平均水平。

（2）**杠杆过高**。无论消费者还是企业，在货币宽松时期都背负着庞大的债务。

（3）**宽松的放贷标准**。泡沫时期的市场会让人们对风险放松警惕，贷款标准因此也相应放松。

（4）**普遍的看涨情绪**。积极心理既是产生繁荣的原因，也是繁荣发生后的结果。

（5）**低波动率**。波动率低显示了投资者已经习惯于付出很少的努力就能获得极大的回报。

（6）**热衷于高风险资产**。一方面价格泡沫提高了投资组合中的股票比例，另一方面此时投资者也容易错误地加重股票的权重。

如果这6个情形的出现是泡沫的早期迹象，那么它们的恶化就是泡沫将要破灭的信号。随着市场氛围、动量和估值从以前的天文水平开始下降，采取更为防御的姿势可能是一种明智的做法。

一点小罪恶

彼得·林奇恰如其分地打趣道："投资者为准备市场调整或者预测市场调整而损失的，比市场调整本身导致的损失还要大。"[47] 但正如杰西·费尔德在他的《费尔德报告》（*Felder Report*）中指出的，在评估林奇的记录和建议时，必须考虑到林奇本人所处的环境。1977～1990年，在林奇的职业生涯里，股票价格一直徘徊在低于其平均估值一个标准差的范围内（以市值对GDP的比例衡量）。通过同样的衡量方式，目前的情形是股票价格**高于**其平均估值两个以上的标准差。

事实上，林奇整个职业生涯中股市最高点的一个月（1987年9月）的估值也不过仅仅接近于过去15年中股市最低点的一个月（2009年3月）。像林奇这样处在低估值周期的人，面对的是正向的远期回报，这就使得买入并持有的策略变得非常有吸引力。就像一个6英尺高的人也可能溺死在一条平均3英尺深的河里，投资者也可能溺死在长期年均回报达10%的股票市场里。

RBI投资的第一也是最重要的目的就是让机会永远站在投资者这一边。这就意味着参与市场的行为应该具有耐心、冷静和不要过度活跃等特点。同样，旨在减少市场参与度的原则都应该避免频繁交易，并寻找留在市场内的理由。

哲学经济学（Philosophical Economics）博客提出了一个有趣的与市场时机有关的脑筋急转弯：具体而言，以我们配置资产的方式来看待市场时机。[48] 一个长期保持40/60的股票和现金配置的投资者不会贪图超额的回报，因为他们倾向于安全的投资方式。同样，任何让投资者在60%的时间内袖手旁观的系统都会极大地降低他们的回报。然而，正如一位谨慎的投资者可能为了保护本金而理智地保留一小部分低风险资产一样，当市场情形开始变得恶劣时，行为投资者可以遵循一个系统性的过程，将风险排除。

毫无疑问，不分青红皂白就胆大妄为地频繁出手是一种罪过，但正如已故经济学家保罗·萨缪尔森（Paul Samuelson）在20世纪90年代末所说的，"揣测市场时机是一种投资罪过，这一次我建议你犯一点小罪"。[49]

行为校准模型

思考： "最好的做法，就是经常什么都不做，但并不总是如此。"

提问： "我的恐惧（贪婪）与大众的恐惧（贪婪）是一致的还是相反的？"

行动： 当股票变得与长期估值背离，并且相差两个到三个标准差时，就要逐渐采取防御性措施。

---

4. 信念

> 只有当投资者不知道他们在做什么的时候，才需要进行广泛的多样化。
>
> ——沃伦·巴菲特

关于基于原则投资的第四个也是最后一个因素是信念。虽然在金融界提到"信念"这个词时可以让人联想到庞氏骗局之王伯尼·麦道夫（Bernie Madoff），但我这里所指的是，你对自己的投资组合应该是有一定信念的。具体来说，这种信念会让你既不至于只执迷于持有一两只股票，也不会让你购买所有的股票。汤姆·霍华德博士解释说：

> 一个极端是根据其市值权重来购买市场上的所有股票，这就是所谓的指数组合的方法。而另一个极端是全部押注于一家公司的股票，它的股价、它的表现完全取决于这家公司的业绩。你需要在这两个极端之间寻求适当的平衡。[50]

如果关于股票的一切是完全可知的，那么你就应该只购买一只股票，原因是如果你可以从最好的里面挑选出最好的，为什么还要多样化呢？相反，如果股票的任何信息都是不可知的，并且无论基本面研究、价格比较，还是商业实践都不能让你确定一只股票是否比另一只更好，那么你就应该买下全部股票，押注于宏观经济增长。

最好的方法介于以上两者之间。我们可以判断投资的质量，但这种判断必须考虑到世事总是不完美的，以及市场参与者总是存在非理性的倾向。因此，一篮子介于 25 只和 50 只股票之间的组合，可能既可以做到与指数组合不同，又可以提供更高的回报。

恰如其分的多样化

多样化应该在不同资产之间，以及同种资产之内实现。我们在这里讨论的只是你整体投资蛋糕中的国内股票部分。你当然不应该把你的全部财富只集中在 25 只股票上，它应该分散在外国股票、国内股票和房地产投资等上面。然而，对于你的国内股票部分，选择 25 只股票可能就足够多样化了。

很少的股票组合就可以实现很大程度的多样化，对于这个想法不熟悉的人可能会很害怕这样做。用民意调查做比方，调查机构可以通过仅仅几百位代表，就能够了解数以百万的选民的动向。所以你也可以通过挑选几十只股票，就足以使你的股票组合多样化。

华盛顿大学的约翰·埃文斯（John Evans）和斯蒂芬·阿彻（Stephen Archer）最早对这一现象进行了研究，发现了多样化的好处。他们发现当投资组合中的股票种类超过 20 个以后，风险就开始急剧下降。[51]另外，投资家、亿万富翁乔尔·格林布拉特在他的著作《股市天才》（*You Can Be a Stock Market Genius*）中说，仅仅拥有2只股票就可以把非市场型风险（以可分散性风险为例）减少46%，4只股票可以减少72%的风险，8只股票可以减少81%的风险，16只股票可以减少93%的风险。[52]格林布拉特的工作展示了股票数目的增加能够快速达到多样化，但是一旦接近20只左右，效果就变得没有那么显著了。本杰明·格雷厄姆说："足够但不过度的多样化是最适宜的，这意味着组合中的股票数目最少有10只，最多大约有30只。"

图2-6展示了这些关于多样化的想法。相对于存在的两种极端想法——过度自信或者认为"价格总是正确的"，基于原则的行为投资在两者之间持一种公正或适度的多样化立场。

图2-6　25只股票的适度多样化

被动外表下的积极主动

投资者如果不做适当的分散投资，就会成为过于自我的投机者，而投资者如果进行过度的多样化来追求低风险，就将放弃更广阔的潜在回报。作为一位行为投资者，如果想在追求低风险的同时寻求高回报，就应该带着坚定的信念建立适度多样化的投资组合。

我曾经说过，并且会不断重复，对于那些最关注回报和相应代价的投资者来说，选择被动投资是明智的。但对于那些追求超常回报的投资者来说，需要秉持一种高度的信念，原因很简单：正如约翰·邓普顿（John Templeton）爵士所言，"除非你做的事情与众不同，否则不会获得超常回报"。

不幸的是，过去许多被视为主动管理的方式，在今天看来根本就不够主动。"披着主动外衣"的被动型指数基金把投资者置于所有可能性中最糟糕的境地——收费高昂，又没有真正意义上的差异，而且这个问题比大多数人想象的还要普遍。AthenaInvest 的汤姆·霍华德解释说："在所有典型的基金中，基金经理对于所持有的资产组合持有低信念的数量是高信念的 3 倍。"[54] Alpha Architect 的韦斯利·格雷博士发现只有 8% 的 ETF 基金和 23% 的共同基金真正能与众不同。另外，格雷博士发现一个基金管理得越主动，其收费就越高，平均达到 128 个基点。[55] 这项研究表明，大多数主动型基金不仅名不副实，还普遍收费高昂。

主动型基金经理的任务是要超越市场平均回报，但他们中的大多数所管理的投资组合看上去只不过是指数基金的昂贵版本，原因何在呢？答案在于一个所谓"跟踪误差"的愚蠢概念。跟踪误差是指投资组合偏离基准的程度，对我而言，这反而应该被视为一种投资风险。没错，主动型基金的经理希望以与指数基金差不多的方式去击败指数基金。

正如詹姆斯·蒙蒂埃在谈到这种愚蠢之处时所说的："对于一个主动型基金经理来说，使用跟踪误差之类的措施，就像让一名拳击手上了拳击台，并让他只是想办法永远领先对手一两分，而不是想办法击败对手。"[56] 虽然跟踪误差被广泛地定义为风险,但真正的风险在于其带给基金经理的职业生涯风险。克里斯托弗·布朗(Christopher H. Browne)2000年在哥伦比亚商学院发表的演讲很好地解释了这一点:

> 投资表现通常是与基准相比较的,抛开长期投资者,典型的机构投资者每月或每季度与基准做比较。如果业绩偏离基准多到令人怀疑的程度,可能会导致基金经理失业。与基准相比较的相对结果比业绩的绝对结果更重要,尤其是考虑到人们通常认为资产配置比股票选择更重要。一旦投资顾问领会到了其表现将如何被打分,他们就会把自己的投资组合与基准靠近,以降低相对结果不佳或者账户损失的风险。不幸的是,这种方法让取得超越基准的超额回报的可能性也降低了。[57]

如果投资者只寻求类似基准的回报率,就可以选择购买大型基金,它们与基准回报率的差距可以小到3个基点。然而,如果我们寻求超越基准的更大的回报,我们必须不把跟踪误差作为一种风险。正如我在《个人指标》中所写,"一旦将市场基准视作黄金基准,精明的基金经理就会不愿意采取非常规的手段,不愿违背常规,即使意识到眼前的机会其实很大"。[58] 约翰·梅纳德·凯恩斯指出,"突破常规而成功,比墨守成规而失败更有损名声",这一想法已为基金经理们所广泛接受,并被不可思议地践行。而基于原则的行为投资者明白,只有对于所持有的组合有着较高的信念,差异化的基金才值得付出高额费用,类似指数型的基金只应该收取指数基金的费用。

有效的主动管理

对于所持有的组合有着较高信念度能获得超额回报是有迹可循的。梅雷迪思·琼斯（Meredith Jones）是国际著名的另类投资行业研究人员，也是《华尔街女性》（Women of the Street）的作者——那本书深入分析了最优秀的女性资产管理者的共同特点。琼斯在考察了这些最优秀的人之后说："接受采访的女性资产管理者倾向于采取众所周知的'高信念度'的投资组合。这意味着一个投资组合可能会从多角度被多元化，但它不会因为有第二、第三和第四层的想法而选择太多的投资品，从而导致回报被稀释。"[59]

虽然琼斯的研究对象仅限于女性，但这一结论也适用于更广泛的人群。Cohen，Polk 和 Silli 发现一只基金的最佳多样化（由仓位大小决定）能产生 6% 的年化业绩。更重要的是，他们发现随着仓位的缩小，业绩呈逐步下降的趋势。[60] 许多关于主动型基金经理历史上表现不佳的结论都是错误的，人们认为这些经理没有选股技巧。与之相反，困扰经理人的不是能否成功地挑选出好的股票，而是能否高度确信地持有好股票、创造好绩效。

在不同资产之间和同种资产内部进行多样化是行为投资者的标志，而这么做也不意味着平庸的投资回报。通过进行科学研究和仔细考察，我们意识到在资产组合中，多样化和保持对组合的信念是可以共存的。如同沃伦·巴菲特说过的那样，"每一位投资者都应该致力于建立一个投资组合，这个投资组合应该可以给你带来十年甚至更久的高回报"。过度多样化会拖累回报率，品种过少会带来风险。如果把多样化比成投资界的"多吃蔬菜身体好"，那么高信念度就相当于给蔬菜加上一些调味料。

行为校准模型

思考："用多样化来展示谦逊，用信念来保证成功。"
提问："我是否为被动型基金支付了主动型基金的费用？"
行动：在你的 25～30 只股票中进行多样化投资，以确保不会在单一方向上过度投资。

漏斗

基于原则的投资（RBI）可以被视作一个由三个步骤组成的漏斗，漏斗的每一步都朝向更大的特异性。在设计行为资产管理的第一步，我们列举了种种行为风险。完成之后，我们开始创建一个流程将五个方面的行为风险降到最低。这一流程可以很容易地被记为四个 C：一致性、清晰性、勇气和信念。

一致性帮助我们系统性地规避行为风险所有的五大因子，而不是要我们抛弃所受的教育，或者放弃原先的想法。清晰性把我们的精力集中在简单但可行的变量上，而不是浪费在那些醒目却不太可能发生的事情上（全权委托的投资方式正是如此）。情绪和保守主义会导致我们受恐惧和主观感受的影响错误判断市场时机，而不是勇敢地坚持以数据作为坚实后盾的 RBI 方法。最后，如果我们想获得超额回报（这是成为一个主动投资者的唯一原因），我们必须遵循高度集中的策略，既避免因为过度傲慢而不进行多样化（自我风险），也避免因为慌张恐惧而买进整个市场（情绪风险）。

现在我们已经了解了要防范行为风险，以及如何构建投资组合，这就引出了一个非常重要的问题：应该使用什么方法来确定这个投资组合的组成呢？

5P 选股法

> 所有的模型都是错的,但有些是有用的。
> ——乔治·E. P. 博克斯(George E. P. Box)

在了解了你的行为弱点,并掌握了克服这些弱点的方法之后,你现在所缺少的就是选择添加到投资组合中的股票的方法了。以下是一种较好的方法,它有扎实的研究做根基,将"在华尔街有效的东西"植入到基于原则的投资框架中。这就是我们将要讨论的股票投资的 5P 选股法。

虽然我相信以下将讨论的 5P 选股法是有效的,但我并没有说这是选择股票的唯一正确的方法,还有许多其他有效的方法。某种方法是不是一致的、清晰的、带给人勇气并使人信服的,比它是否包含某个特定参数要重要得多。这就像遵循合理的食谱比具体选择哪种食物要重要得多。

在了解这五个 RBI 组合中的最基本因素之前,你必须先了解两件重要的事情：

（1）5P 的目的是在你选择股票的时候，增加你的成功概率。
（2）5P 并不永远有效。

我以前曾用赌博做过比喻，这里再重述一遍，如果将投资比作在赌场参与赌博，那么成为一个成功的行为投资者是因为喜欢当庄家，而不是喜欢做一个醉醺醺的赌客。与普遍的看法相反，赌场的胜率并不一样。具体的赌博方法不同，则赌场胜率也不同，但总的来说，赌场的胜率可能只略多于 50%。然而，赌场中有严格的规定，赌场遵守这些规定，经常并持续地重复微小的优势，最终产生巨大的收益。下一次，当你身处拉斯维加斯富丽堂皇的赌场大厅时，想一想那"只略高于平均水平"的胜率的力量吧。

同样地，基于原则的投资是对你的投资组合进行简单的、系统性的调整，试图获得一两个百分点的回报，以期在长期对你的风险管理和财富增值形成巨大的累积效应。正如内特·西尔弗所言："成功的赌徒以及任何领域的成功预测者，都不会以零失败的赌注、无可挑剔的理论和精确的测量来看待未来。这些都是白日做梦，也是过分自信的警示。相反，成功的赌徒会把未来看作一系列不确定性，就像股票报价器一样，每来一个新信息，都会让其上下波动。"[61]

让我直截了当地说，RBI 模型并不完美，在有些年份它甚至比不过被动的市值加权指数。但它的用处是不断地利用市场上对手心理上的弱点，来增加你的胜率。随着时间的推移，市场上会出现上百种反常现象（或者是基于某种怪癖而导致的回报扭曲）。这些反常现象不会一直存在，但有一些因人类行为而起的反常现象却会持续存在。由于它们植根于人类持久的迂腐心理，给了 5P 选股法利用它们的机会。

RBI 本质上提供了一种中庸之道（但很多投资者不一定喜欢）。一方面，被动管理和有效市场理论的信徒可能会认为所有将市场排除在外的方法都将失败，另一方面，有些人会坚持认为他们有能力每年都挑选出几只最厉害的股票（虽然事实往往相反），所以"只能使概率稍微对你有利的"RBI 方法似乎没有什么吸引力。

对我们来说，我们会满足于这种看上去不那么诱人的方法，只要这种方法能够帮助我们把一些最重要的事情做好。统计学家内特·西尔弗也同意（至少在扑克牌方面）："做好基本的事情能让你走得更远。例如，在打扑克牌时，简单地学会在拿到坏牌时收手，拿到好牌时跟进，同时努力思考你的对手的牌，就能显著地减少你的损失。如果你愿意这样做，那么大概在 80% 的时间你会做出和最好的扑克玩家一样的决定……即便你只花了 20% 的时间来研究这个游戏。"通过持之以恒地购买那些由于人类行为而有着优异的历史表现的股票，你就可以获得好的回报，也可以同时拥有轻松的生活，并完全摆脱分析股票这项单调乏味的工作。

在认真介绍 5P 选股法之前，我想从一开始就讨论读者可能对 RBI 方法提出的反对意见：这种方法或许过于简单了。在如此浩瀚的数据海洋中，只盯着这五个简单的变量，未免把事情想得太容易了，尤其考虑到这是一个来自亚拉巴马州的人的主意。但并不是只有我一个人认为简单的原则和参数有无穷的威力。投资顾问马丁·惠特曼

(Martin Whitman)认为,"根据我的个人经验(作为投资者和观察者),真正对投资重要的变量,很少会超过三个或者四个。其他的一切都是噪声"。[62]

同样,沃伦·巴菲特长期以来奉行他在研究生时期学到的最重要的原则之一,从而在投资界创下了非凡的纪录。就像他说的,"坚持可靠的原则永不过时,我从格雷厄姆和多德身上学到的基本原则从未改变。无论顺境还是逆境,我从来不担心,因为我知道它们永远有效"。[63]

最后,你可能会觉得一个厉害的投资者和一个著名的厨师有很多共同之处。他们都掌握了广泛的实用技巧,并不断在实践中将其推向极致。

开场白已经说得够多了,是时候来看一下 5P 选股法的细节了。

你犯傻了吗

"你真蠢。"

"你错了。"

"我比你知道得多。"

股市作为一个零和博弈,每当你买卖股票的时候,总会有人对你说这样的话。更可怕的是,在对你的买卖决定从智力上进行攻击的人中,超过 70% 的人是专业投资者。他们所掌握的技术和信息都是你所不及的。

面对如此强大的对手，你唯一的希望就在于心理优势。你不能在速度、方法或者市场教育上赢过对方，你只能在纪律和心理层面上竞争。关于胜算，沃伦·巴菲特最喜欢的老师格雷厄姆这样说过："你首先需要的是一条关于买进的纪律，重点在于买进的价格必须低于其实际价值。然后，你必须有足够数量的股票来有效地实现这一目标。最后你需要一个非常严格的卖出原则。"[64]

RBI 模型符合格雷厄姆的每一个标准，你需要的就是纪律。当我讨论 5P 选股法中的每一点时，我都将提供理论上的依据和实践上的证据。毕竟，我们需要的是扎根于常识的、经得起时间考验的因素，而不是一些随机的变量计算。当下次那些受过良好教育、咄咄逼人的卖家向你出售股票并且嘲笑你愚蠢的时候——你可以这样证明他们错了。

5P 选股法具体如下：

（1）价格（Price）；
（2）品质（Properties）；
（3）陷阱（Pitfalls）；
（4）人（People）；
（5）推动力（Push）。

P1：永远不要出价过高

在盐湖城的一个暴风雪天气里，我学到了也许是我职业生涯中最重要的一课——价格影响了人们对质量的感知。那时我刚刚在大饭店举办了一次研讨会，听众是一群有兴趣在实践中应用行为投资学的投资顾问。我对我的整体表现感到满意，与会者的反应也让我感到欣慰。我在会议室外享用了一杯健怡可乐作为庆祝。这时，一个人走向我，就是他请我来演讲的。

我期待着他会对我出色的演讲表示祝贺，结果却得到了一句："大家都觉得你糟透了。""你说什么？"我说，我自认为从演讲中获得的反馈要比他刚才说的好得多。他接着说："虽然我希望以后能多请你几次，但公司总部的人认为你很差劲，因为你的收费太低了。他们从来没有见过你，他们看到你的收费低就认为你很差劲。他们都认为你肯定糟透了。"

我们走进酒店的一间休息室，他鼓励我把要价提高3～4倍，演讲本身不用做任何改动。他的想法是，如果我通过收取更多的费用来证明我的能力，其他人就会被说服。在那次会议之后，我带着极大的恐惧，把演讲费提高到原来的3倍。然后从那时起，我的薪水就增加到了原来的5倍。虽然我希望这些年来我的演讲有所改进，但我今天所讲述的内容基本上还是和当时收费低得多的时候一样。但是，通过深刻地了解人性的真相——价格影响了人们对质量的感知，我开启了美好的职业生涯。希望现在认为我很差劲的人变少了。

关于我的这个"价格驱动感知"的逸事在斯坦福教授巴巴·希夫（Baba Shiv）的作品"水平葡萄酒评鉴"[65]中有更好的解释。希夫让参与者仰卧在核磁共振仪上，请他们品尝同等剂量的葡萄酒，每一种酒上都贴着价格。然后，他观察了参与者的大脑活动，试图找出价格和大脑活动的关系。具体来说，希夫希望能观察到大脑的一部分，也就是脑内侧前额叶皮质，这是我们知道的大脑中产生愉悦感的区域。

果然，当参与者认为自己喝的是90美元的葡萄酒而不是10美元的葡萄酒时，大脑的愉悦中心表现得更活跃。唯一的问题是那两杯酒其实都是10美元的。这意味着大脑愉悦活动产生的直接原因是感知到了价格差异，而不是因为葡萄酒本身的质量。在同等条件下，人们认为价格是质量的首要决定因素。

这种将价格与质量相结合的倾向会导致我们为服装、汽车或咖啡支付过高的费用。就我们日常的购买行为而言，这种倾向在总体上是无害的。但在投资方面，这是灾难性的。民意调查机构盖洛普定期向美国投资者进行调查，以确定他们是否认为现在是投资的好时机。盖洛普发现，对这项调查的回应与股市的回报率之间存在着很强的相关性，但与你所设想的正好相反。

当美国人认为现在是购买股票的好时机时，股票价格往往已经达到峰值，这意味着接下来的投资回报往往会很差。正如内特·西尔弗所写的，"盖洛普的调查所记录的最高数字出现在2000年1月，当时67%的美国人认为这是投资的好时机，而仅仅两个月后，纳斯达克和其他股指开始崩盘。相反，在1990年2月，只有26%的美国人认为当时是购买股票的好时机，但在接下来的10年里，标准普尔500指数几乎翻了两番"。[66]

跟以上关于演讲收费和葡萄酒品鉴的故事一样，股票市场的估值越高，我们就越认为它值得投资。但与演讲和葡萄酒不同的是，股票的价格和表现实际上是相反的——你开价越高，你能获得的回报就越少。

虽然这可能与我们的质量观相反，但一个普遍的事实是，当商品受到更多人的关注时，我们往往会购买更多。如果你的衣橱和我的一样,那里面会堆满了便宜货,你购买它们并不是因为你喜欢或者你正好需要,而是跟风。但股票市场的规律却与此相反,跟风投资只会损害投资者的利益。

沃伦·巴菲特以非常贴近生活的汉堡包的例子解释了这一点。他说:"如果你打算一辈子吃汉堡包,但你自己并不饲养牛,你会期望牛肉价格变得高一点还是低一点?"答案很清楚:汉堡包的消费者应该希望牛肉尽可能便宜。他接着说:

> 现在来看一项最终测试:如果你期望在接下来的5年里成为一个净储蓄者,你希望在这段时间内股票市场价格高还是低?很多投资者都回答错了。尽管在未来许多年里,他们将成为股票的净买家,但他们还是为股价上涨而兴高采烈,为股价下跌而垂头丧气。事实上,他们是在为自己将要购买的"汉堡包"的价格上涨而欢呼。这种反应太不合理了。只有那些希望能尽快抛售股票的人才应该期望股价上涨,而潜在买家应该希望股价下跌。[67]

像巴菲特、霍华德·马科斯这样的价值投资者认为,最危险的事情就是出价太高:"投资是一场人气竞赛,最危险的事情就是在它最受欢迎的时候购买。此时,所有有利因素都已经体现在价格里了,新买家已经毫无利润可言。最安全和最有利可图的事情就是在一个东西没有任何人喜欢的时候买进。随着时间的推移,它的受欢迎程度和价格,只会往上涨。"[68] 这一点无论如何强调都不为过——用合理的价格购买(通常被称为价值投资),是最能确保获得合理回报并降低风险的事情。

价值投资是风险管理的一种形式

我最近在向一家大型机构的基金经理们介绍 RBI,希望能激发出他们的灵感。他们仔细聆听了我的演讲,提出了一些好的问题,最后提出了一个所有基金经理都会问的问题:"你怎样管理风险?"

最终我讨论了一些风险的预防措施,但首先我简明扼要地指出管理风险最重要的事情是:系统化地优先考虑价格问题。提问者好奇地看着我说:"但波动性才是风险,价格不是。"他的回答是华尔街专注于模型而非逻辑的标准回应,这里也暗藏着个人投资者相对于机构投资者的一种优势。

再一次,霍华德·马科斯明智地说:"高风险,换句话说,主要是来自高价格……而理论家则认为回报和风险是截然不同的——虽然它们相互关联,但价值投资者却认为高风险和低预期回报只不过是同一枚硬币的两面,两者都来源于高价格。"[69]要想通过股价的变化来赚钱,有且只有两种方法:一种方法是精确预测市场时机,正如你所知道的,这很难做到;另一种方法是分析价格,这就容易多了(虽然在心理上可能更难接受)。一项资产的风险与你所支付的价格相关,支付合理的价格是投资者避险最好的方式。

仅凭直觉,我们就能理解公平的价格可以降低风险,这点已经得到实践的证明,即使是按照所谓的"波动性等于风险"的原则行事也是如此。詹姆斯·奥肖内西在他的一项研究测试中发现,魅力股(价格高,受到分析师的青睐)的标准差之所以比价值股(价格低、被分析师瞧不上)高,主要原因就是其所谓的"魅力"。

投资公司 Tweedy,Browne LLC 发现价值股在最糟糕时期的表现也较好。它把股票按照便宜程度进行划分（以价格比上自由现金流），来考察其在股市最差时的 25 个月和 88 个月中的表现。正如你在表 2-3 中所看到的，在市场动荡时期，有强烈的趋势显示价格较低的股票的亏损较小（最便宜的股票不符合这一趋势，它们之所以便宜可能是有其他原因）。

表 2-3　在 1968 年 4 月至 1990 年 4 月的股市最佳与最差期间，按照价格比自由现金流（PCF）分组的股票，平均每月的投资回报（%）[70]

市现率分组	最高市现率							最低市现率		
	1	2	3	4	5	6	7	8	9	10
股市最差的 25 个月内的回报（%）	−11.8	−11.1	−10.6	−10.3	−9.7	−9.5	−9.0	−8.7	−8.8	−9.8
股市开始下跌后，未来最差的 88 个月内的回报（%）	−3.0	−2.8	−2.7	−2.4	−2.3	−2.1	−2.0	−1.9	−1.6	−2.0
股市最佳的 25 个月内的回报（%）	12.1	12.5	12.2	11.9	11.6	10.9	11.2	11.5	11.9	13.6
股市上升时，未来最佳的 122 个月内的回报（%）	3.7	3.9	4.0	3.8	3.9	3.8	3.8	3.8	3.7	3.8

最后，价值股不仅在总体上下跌得较少，而且更不太容易遭受灾难性的损失，而且比起一般的波动，这种损失要可怕得多。正如韦斯利·格雷博士在《量化价值投资》一书中所指出的，"魅力股被腰斩的概率是价值股的 3 倍以上；当价值股下跌 50% 的概率是 2% 时，魅力股下跌 50% 的概率将超过 7%"。[71] 正如 Lakonishok、Vishny 和 Shlefer 在其开创性论文《逆向投资、外推法和风险》中所发现的那样，"价值策略之所以能获得更高的回报，是因为这些策略利用了其他投资者会犯的错误，而不是这些策略本质上更为冒险激进"。[72]

医学院的学生必须遵守"希波克拉底誓词"——一个以两项原则为基础的誓词：不伤害以及行善。不伤害，或者解释为"第一，不做任何伤害"，这是第一条禁令，它要求医生考虑医疗手段可能给病人造成的任何害处或者带来的未知风险。虽然思考一项行为带来的好处（或者是出于善意的行为）是更加自然的，但管理风险其实更为重要。同样地，一位投资者的首要以及最为重要的任务就是管理风险，而为每一项投资寻求一个合理的价格就是管理风险最好的办法。

购买价值股并不只是一种稳定的风险管理技术，除了提高回报，它还在时间、产业和地域方面都对我们有帮助。接下来，我们将就此进行详细讨论。

用 50 美分购买价值 1 美元的股票

有很多种方法可以用来衡量股票的价值，包括市销率（price-to-sales）、市盈率（price-to-earnings）、市净率（price-to-book value）以及市现率（price-to-free cash flow）。所有这些措施都有其优点和缺点，但它们都指向了一个基本的真理——长期来看，价值股的表现优于魅力股。詹姆斯·蒙蒂埃发现，"明星股"（具有良好历史表现和增长预期的股票）的年回报率跑输价值股近 6%。[73] 行为经济学家迈尔·斯塔特曼发现，有时那些遭受"鄙视"的股票的表现甚至也超过了魅力股，即使在考虑了规模、风格和动量关键指标之后。

Lakonishok、Vishny 和 Shleifer 在《逆向投资、外推法和风险》中检查了市净率对回报的影响。他们发现，在为期 1 年的时间里，低市净率股（也即价值股）的回报比高市净率股高73%，将时间延长到3年，则比率变为90%，延长到5年，则比率变为100%。[74] 在被这个研究结果震惊了之后，三位作者根据自己的研究发现成立了一家非常成功的投资公司。

耶鲁大学教授罗杰·伊博森（Roger Ibbotson）进行了一项名为"纽约证券交易所的投资分组"的研究。他按市盈率对股票进行了排名，并评估它们在1967～1985年的表现。伊博森发现，在这段时间里，最便宜股票的回报比最昂贵股票的回报高600%以上，也比"平均"市盈率的股票高200%以上。[75] 在一项类似的研究中，尤金·法玛（Eugene Fama）和肯尼思·弗伦奇（Kenneth French）根据市净率对1963～1990年的非金融股票进行了分组，结果发现最便宜的股票的回报是最昂贵的股票的3倍。[76]

在对各种变量进行的详尽的检查中，詹姆斯·奥肖内西在他的著作《投资策略实战分析》(What Works on Wall Street) ⊖中进行的研究最为著名。该研究使用了常见的将股票分成十个等级的方法，观察其在1963～2009年年底的回报率。他的发现突出了价值投资的效用，以及小的年化收益率如何产生大的复合作用。从市盈率来看，他发现最便宜的股票能以16.25%的年化回报率让1万美元增长到10 202 345美元。而同期的指数只能以11.22%的年化回报率让1万美元增长到1 329 513美元。买便宜股票不仅能让你多赚900万美元，还能让你承受较少的波动，虽然这违背了高风险高回报的想法。[77]

然而为什么那些最昂贵的股票依然会得到青睐呢？根据市盈率计算，最昂贵的股票能在同期将1万美元增长为118 820美元，比市场

⊖ 此书中文版已由机械工业出版社出版。

指数少了 100 万美元，比价值股低了 1000 万美元。这些数字印证了巴菲特的话："你为了得到让人开心的所谓共识，付出了高昂的价格。然而，不确定性才是长期价值投资者最好的朋友。"[78]

奥肖内西针对其他价值变量进行的研究同样也得到了令人印象深刻的结果。根据 EBITDA（息税折旧摊销前利润）计算出来的最便宜的股票，其回报在所有时间内都高过股票指数 100% 以上，差幅高达 181%。而最昂贵的股票在同期的回报率甚至低于美国国债。根据市现率计算也得到了同样的结果，最便宜的股票能让 1963 年的 1 万美元增长到 2009 年年底的超过 1000 万美元，同期的股票指数只能让 1 万美元增长到 130 万美元。而这样的表现在不同时期内也非常稳定，较便宜的股票在连续 10 年期间内，百分之百地击败了股指，在连续 5 年内，击败股指的概率高达 91%。[79] 同样的例子我可以一直说下去，但我相信我的观点已经表达得很充分了，那就是价值股能够以较低的波动性和难以置信的稳定性，带给投资者更大的回报——这怎能不让人开心？

有回报的痛苦

如果价值投资这么有道理，那么为什么据统计只有不到 10% 的基金在投资时遵循价值原则？[80] 在互联网泡沫达到顶峰的 1997 年年末，那些投资最昂贵的"有故事的股票"的投资者将会在 2000 年年初实现资产翻番。这种大规模的复合效应一般来源于所谓的成长股，这要比那些不诱人的价值股诱人多了。价值投资能让你慢慢变得富有，但成长股可以使你一夜暴富。

然而，正如我们在本书前面章节里所学到的，没有比"这也都将过去"更真实的话了。同样地，在短短两年多的时间里让投资者暴富的股票，也会同样迅速地摧毁财富。从2000年2月到2019年2月，这个最昂贵的股票分组价值下跌了82%。魅力股的投资可能会有短期的暴涨，但是，正如我前面提到的，暴涨和暴跌是同一枚硬币的两面。

研究表明，价值投资在不同时间、不同领域和不同行业中都可以持续发挥作用。[81] 虽然有些投资异常现象令人心潮澎湃，但我可以大胆地说，因为价值投资与人类心理的互动方式，使我相信价值投资将在可预见的未来继续为长期投资者服务。我敢押注于价值投资的原因在于，就像大家总习惯在新年到来之际做年度计划，从而导致健身房通常在1月比2月更拥挤，但随着时间的推移，人们很难持之以恒。

价值投资需要我们克服把高价格等同于好质量的本能反应。价值投资要求为了实现长期的回报而牺牲短期的机会。作为一位价值投资者，我们必须忽视那些围绕着魅力股的故事，坚定信心去购买那些被鄙视、被认为前景不佳的公司的股票。由于以上都与大多数人的投资理念相悖，所以价值溢价将持续存在。

以"神奇公式"闻名的乔尔·格林布拉特说，价值投资本身并没有魔力。相反，他告诉我们：你应该去购买那些期望值很低，低到任何坏消息也不能让它更低的股票。把价格作为第一和最重要的考虑因素，意味着将你的投资实践植根于现实的基石，而不是预测增长的空中楼阁上。

魅力股投资假设未来是可以预知的，而我们现在明白这并不可能。价值投资接受现实，不对未来做出任何判断，只要坚信上涨的尽头一定是下跌即可，反之亦然。你的计划是以各种可能的方式来使自己的行为程序化，购买廉价股票，放弃昂贵的股票和它们的故事。价值投资需要你否认你的本能倾向，做一些让你不舒服的事情。而正是因为它如此痛苦，所以成果才如此丰厚。

行为校准模型

思考："买得好等于卖了一半。"

提问："我会以当前价格买下整个公司吗？"

行动：系统性地避开昂贵的股票。是的，总是这样！

P2：品质至上

1963年2月6日，大卫·库克（David Cook）在得克萨斯州达拉斯开设了第一间百视达影像店（Blockbuster Video）。利用他在管理数据库方面的专长，库克创建了一个系统，让每家商店都能反映该店服务区内客户的选片口味，从而进行合理的片源存放。在这种大规模定制的帮助下，百视达成为家喻户晓的品牌，并成为创新的代表。1987年，百视达继续其创新之路，它通过与任天堂的官司开启了视频游戏租赁市场。[82]到了20世纪末，它已经成为一家大企业，有机会以5000万美元的价格收购刚起步的Netflix。而在一次会议上，百视达拒绝了这一收购计划，Netflix的一位联合创始人说，"他们差不多算是一脚把我们从会议室踢出去了"。[83]

那一年的年末，百视达决定向另一个方向发展，与安然宽带服务公司合作。今天，Netflix 的市值接近 330 亿美元，而安然，我们都知道它的结局了[1]。在 21 世纪初，百视达股票的走势跟过山车一样，因为它对于如何适应发展中的数字化环境的想法还很不清晰。从 2012 年第 2 季度到第 4 季度，它的股价被腰斩了，下跌到 15 美元/股。根据上一节讨论的关于价格的许多衡量标准，百视达股票现在似乎变得有吸引力了。但是如果投资者只关注价格本身，那将赔得一干二净。5 年后，这只股票跌破 5 美元/股，而 10 年后该公司就关张大吉了。百视达，一个因创新而生的伟大美国品牌，最终因为创新不足而消失了。

这个故事说明，一家公司的股票是便宜还是昂贵，不应该单凭价格来判断，必须仔细考量公司本身的业务质量。毕竟，不能说市场参与者们都是完全非理性的，只能说他们不是任何时候都理性，这是两码事情。一只股票变得便宜，往往是因为公司本身就有问题。事实上，约瑟夫·皮奥特洛斯基（Joseph Piotroski）发现，57% 的价值股（以市净率衡量）会有一两年表现不如市场，尽管它们的整体表现优于市场。然而价值策略还是有效的，因为总有少数价值股会有超乎寻常的表现。话说回来，大众对廉价股票的看法在大部分情况下是正确的——它们确实很烂。

想象一下，如果我们能够以某种方式不仅在价格上而且在质量上筛选价值型股票，我们就能一举两得：买到物美价廉的价值股，同时剔除公司本身质量不佳的股票。行为投资者需要铭记价值股不是指便宜货，公司本身生意做得非常好。价格是和公司本身质量相关的。

---

[1] 安然公司于 2001 年 12 月申请破产。——译者注

沃伦·巴菲特的导师本杰明·格雷厄姆奉行巴菲特所称的"雪茄烟蒂投资法"。格雷厄姆在那些如同被丢弃的雪茄烟蒂一般的濒临破产的公司里挑挑拣拣，寻找有利可图的机会，即使公司最终会破产。格雷厄姆的"净零"投资方式是只对公司的流动资产净额进行评估。他希望以低于清算价值的价格购买公司的股票，这样即使这家公司最终被抛弃（如雪茄烟蒂），他仍然可以从它的不幸命运中获利。

巴菲特也是以这种"净零"的方式开始职业生涯的，但很快他意识到，与格雷厄姆所处的"大萧条"时代相比，通过这种方式实现成功的难度越来越大。巴菲特很快就和查理·芒格（Charlie Munge）合作了，后者教会了其最重要的一课，"以合理的价格买一家优秀的公司要比高价买一家还不错的公司好得多"。[84] 我们在前一节中讨论了什么是合理的价格，现在让我们把注意力转移到如何发现一家优秀的公司上。

超越雪茄烟蒂

合理的价格和优秀的公司的结合是行为投资者的梦想，因为这可以规避任何未来的不确定性。我们不知道市场未来会如何发展，也不知道购买的公司的前景最终如何，所以就尽可能地在价格和公司前景上都留有额外的缓冲。用投资的术语来说，我们在寻找一条护城河来抵御未知的明天。劳安·洛夫顿把这一点讲得很透彻：

> 想象一条护城河，童话里围绕着城堡的那种，可以保护一位长发公主免受饥饿的龙或者贪婪的王子的伤害。在商业

世界里，护城河保护着公司和它的盈利能力，使其免受其他饥饿、贪婪的公司的伤害。这就能让一家公司从它的竞争对手中脱颖而出，并且长期保持高利润。[85]

寻找优秀的公司是投资者自然而然的想法（毕竟谁也不想买差劲的公司），但很难找到一种方法，既能够精确地描述什么是优秀，也能说明什么样的差异化能保证在未来实现可靠的回报。投资者在评估公司时经常犯一个错误，就是通过评价它所提供的商品和服务是否对人们的生活有重要贡献，来评价一家公司是否优秀。但这是完全错误的。投资如此之难的一个重要原因就是一项以良好愿景开始的投资往往会带来糟糕的回报。比如说，人们会误以为"革命性的新行业能带来革命性的利润"。

让我们来回顾一下航空业的历史。很难想象还有其他的技术能对我们的生活和商业方式产生如此大的影响，航空业的出现和发展让我们能够快速而廉价地抵达遥远的地方。美国国家航空管委会报告，仅在美国，每天就有超过 87 000 次航班！然而，投资于这一神奇的、改变生活的技术却自始至终是一个坏主意。巴菲特作为一位航空爱好者，曾经对航空公司做了一些灾难性的投资。后来在与英国 *Telegraph* 的谈话中，他说得非常生动。

> 如果一个资本家能够回到 20 世纪初的基蒂霍克，他就应该射杀奥维尔·莱特[⊖]。这样他就能拯救自己的资产。但说真的，航空业真是太厉害了。在过去的一个世纪里，它吞噬了比其他任何行业都多得多的资本，人们前赴后继地回到这

⊖ 现代飞机的发明人。——译者注

个行业，把新的资金扔进去。巨大的成本、强大的工会，而你得到的只是低廉的商品价格，这一切看起来不像一个好的投资标的。我有一个 800 免付费专线电话，只要我一动投资航空业的念头，就赶快打这个电话。我可能会在凌晨两点打过去，说道：我是沃伦·巴菲特，我是狂热的航空业爱好者。然后接电话的人就开始劝我别做傻事。[86]

就像航空旅行，互联网也彻底改变了我们的生活，但并不总能给我们的投资带来回报。当今互联网上每分钟有 2.04 亿封电子邮件被发送，这永远改变了我们的沟通方式。Facebook 以连接全体人类为目标，现在其用户已超过 10 亿。Twitter 上每分钟有 37 万条信息发布、2013 年一条虚假推送的信息的威力足以从股票市场中抹去 1300 亿美元的市值。互联网行业的成功毋庸置疑，但就像之前的航空业，互联网行业的股票误导了投资者，让他们将社会影响与投资回报混为一谈。

《漫步华尔街》一书描述了在互联网泡沫时期，利润是如何变得过时的：

> 不知何故，在这个崭新的互联网行业里，销售额、收入额和利润都变得无关紧要了。在评估互联网公司的价值时，分析师们转而关注眼球经济——浏览网页或访问网站的人数，尤其关注所谓的参与购物的人数——那些在网站上至少花了 3 分钟的顾客。玛丽·米克（Mary Meeker）热情洋溢地称赞 Drugstore.com 网站，因为 48% 观看该网站的都是所谓的参与购物的人。从来没有人在乎这些参与购物的人是否

花过一分钱。销售额变得过时了。Drugstore.com 的股票在 2000 年泡沫时期达到 67.50 美元的高点。一年后,当眼球经济被利润率计算所取代时,它的股价暴跌。

正如伯顿·马尔基尔指出的,"是否投资一个行业的关键不在于这个行业对社会将产生什么样的影响,甚至也不在于它的成长性,而在于它产生和维持利润的能力"。[87]

利润本身是否有利可图

如果革命性的新想法不会帮助我们走上致富的道路,或许我们应该关注那些更踏实的竞争性指标,比如边际利润率。毕竟,高额利润率比新颖行业的非财务性指标,看起来更能成为一条护城河。

詹姆斯·奥肖内西比较了只投资最盈利的股票(按照边际利润率衡量)和简单投资全部股票两种方法的表现。从 1963 年 12 月 31 日开始,如果你每年投资 1 万美元到最盈利的股票中,到了 2009 年年底,你会拥有 911 179 美元,折合年化回报率 10.31%。这已经是一个令人印象深刻的回报率了,直到你看到第二种方法的表现,也就是购买所有股票的方法。如果根据指数进行投资,同样的时间你将最后拥有 1 329 513 美元,折合年收益率 11.22%。通过仔细选择最盈利的股票进行投资,你反而损失了超过 40 万美元的潜在回报!这些结果印证了 Tweedy, Browne LLC 的研究结果,结果显示,不受欢迎的"雪茄烟蒂股票"的表现比那些受追捧的股票的年化回报率高出 2.4%。

这说明了什么?如果预测趋势会让我们损失利润,而投资最盈利的股票也表现不佳，那么我们还能怎样去寻找优秀的股票呢？就像在投资的其他方面一样，利润率不能作为最优秀股票的证据的根源来自心理学。

请回顾一下我们先前对投资行为的讨论，特别是关于超额回报不会是永远的那一段。不断地把今天的表现投射到未来的预期是人类的天性。如果你今天过得不好，那么太阳似乎就再也不会照耀你了。同样，我们常常认为一家公司将永远与好运相伴，尽管事实并非如此。利润率很高的公司会激发竞争对手的参与，从而导致其利润率下降。即使没有竞争，通常高利润很快也会回归到行业平均利润。在试图确定一家企业是否优秀时，最好记住优秀的领导者往往会被更平庸的替代者所取代，而那些获得超额收入的季度将会为平庸的未来播下种子。用罗伯特·弗罗斯特⊖的话来说：

那珍贵如金的，造物的第一抹绿，
所有色彩中最为罕有的色调。
如鲜花一般绽放，
只在那短暂的晨曦。

当新芽成长为树叶。
伊甸园里哀愁弥漫。
当黎明蜕变为白昼，
那珍贵如金的，转眼稍纵即逝。

前面说明了投资究竟有多难，而只依赖于孤证的投资方法坦率地

⊖ Robert Forst，20世纪最受欢迎的美国诗人之一。——译者注

讲是没有任何逻辑的，因此，系统性投资是非常必要的。"虽然直觉告诉我们，回报总额大、利润率高的股票应该是好的投资标的，但长期数据表明情况并非如此。这是因为投资的成功依赖于选择前景良好的股票，但投资者当前对这些股票的前景往往并不看好。"詹姆斯·奥肖内西的上述言论告诉我们：我们必须在被忽视的公司中寻找那些有良好前景的公司，并且要在大众发现之前找到它们。一只股票是否被看好很容易被发现。它相对于自身价值的价格本身就揭示了投资者对其的预期；相对价格越低，股票当然就越不受欢迎。评估一只股票未来是否会获得青睐是很复杂的事情，但我们仍然可以找到一些线索。

贾森·茨威格对本杰明·格雷厄姆的杰作《聪明的投资者》进行了一些评论。其中提供了一些线索：

> 有几股力量可以拓宽公司的护城河：强大的品牌认同（比如哈雷摩托，它的买家甚至将公司的标志文在身上）；一家垄断或近乎垄断的商家；规模效应——能大规模廉价供应大量商品或服务的能力（比如生产剃须刀的吉列公司）；一种独特的无形资产（比如可口可乐，它的美味糖浆秘方实际上毫无价值，却对消费者始终保持着迷之诱惑）；无法替代的产品（大多数企业不得不使用电力，因此公用事业公司不太可能在短期内被取代）。[88]

当你找到一家既具备上述特征、股票又打折出售的公司时，你可能会无意中发现一条重要的护城河，这就是成为一名合格的行为投资者的标志。

质量是最根本的

会计教授约瑟夫·皮奥特洛斯基是一位在"价值和质量世界"（Value Plus Quality World）中未获重视的英雄，他想要确定，他是否可以用会计手段将精品从凡品中分离出来，用他自己的话说：

> 这一（价值）战略的成功取决于少数几家公司的优异表现，同时也取决于许多表现差的公司的糟糕业绩能否被冲淡。特别的是，我发现所有高BM（也即廉价）的公司在上市后的两年中，只有不到44%获得了正回报（市场调整后）。即使在投资组合中出现了不同的结果，投资者也可以通过事前分辨出最优的公司和最差的公司，对其分别对待而从中获益。本文提出了一种简单的、基于财务报表的启发式方法，从这些不受欢迎的股票中区分前景好的股票和前景不佳的股票。[89]

简单来说，我们如何分辨一只便宜的股票是因为其公司自身的问题而便宜，还是因为大众心理造成的误杀？

皮奥特洛斯基教授后来研究了九种衡量标准，这些标准被称为皮奥特洛斯基F-score。F-score综合考量了利润率、杠杆率和运营效率，以确定公司目前的财务状况，以及更重要的发展趋势。每满足一个积极指标就给予1分，最大可能的F-score是9分。这九项衡量标准如下：

（1）**净收入**（net income）：利润是否为正？

（2）**营运现金流**（operating cash flow）：12个月营业现金流为正吗？

（3）**资产回报率**（return on asset，ROA）：资产回报是否每年有所改善？

（4）**盈利的质量**（quality of earnings）：去年的营业收入是否超过资产回报？

（5）**长期债务与资产比率**（long-term debt vs. assets）：长期债务与资产比率在下降吗？

（6）**流动比率**（current ratio）：流动资金是否在增加？

（7）**流通股**（shares outstanding）：过去一年股票是否已被稀释？

（8）**毛利率**（gross margin）：利润率是否每年有所增长？

（9）**资产周转率**（asset turnover）：销售额相对于资产有所增长吗？

对你来说，你不需要理解皮奥特洛斯基 F-Score 的每一个细节，就可以从这些指标中获益。皮奥特洛斯基一开始想了解对于股东来说，那些懂得管理债务的公司，是否比那些对此并不擅长的公司更有益。他得到的结果是肯定的。在他的著作《价值投资：使用财务历史数据区分赢家和输家》中，他展示了 1976～1996 年，如果建立一个投资组合，选择购买 F-Score 分数最高的公司（8 分或者 9 分），并卖出 F-Score 分数最低的公司（0～2 分），最终实现了 23% 的年化回报率。[90] 这项证据告诉我们，如果说购买便宜股票是好事情，那么购买价格便宜的优秀公司的股票是好的不能再好的事情了。

乔尔·格林布拉特是另一位传奇投资者，他将巴菲特-芒格的投资方式（以合适的价格购买一家优秀的公司）系统化，从而为自己赢得了声誉。格林布拉特以区区 700 万美元创立了高谭资本（Gotham Capital），资金主要来源于垃圾债券大王迈克尔·米尔肯（Michael Milken）。[91] 在接下来的 21 年里，格林布拉特创下了华尔街有史以来的记录，他帮助投资者以34%的年化回报率累积财富，并让自己也成为亿万富翁。[92] 在成为超级富豪的过程中，发生了一些有趣的事情，格林布拉特发现，他只需要注意两个变量，就能利用手中的那笔复杂的对冲基金从市场上获得任何想要的回报。

为了尽可能简化价值投资的方式，格林布拉特开始创建"一种长期投资策略来帮助投资者以低于平均水平的价格购买一批质量高于平均水平的公司"。在这个策略中，一个变量代表价格，另一个变量代表质量。在质量方面，格林布拉特设置了盈利收益率（基本上就是市盈率的倒数）来衡量一家公司的价值和资本回报率（return on capital，ROC）。格林布拉特的神奇公式看起来简单，表现却非常惊人。最初的神奇公式包含了一切市值超过5000万美元的公司，并且创造出了惊人的回报，如表2-4所示。

表2-4 1998～2004年格林布拉特的神奇公式与标准普尔500指数的表现对比[93]

年份	神奇公式的表现（%）	标准普尔500指数的表现（%）
1988	27.1	16.6
1989	44.6	31.7
1990	1.7	-3.1
1991	70.6	30.5
1992	32.4	7.6
1993	17.2	10.1
1994	22	1.3
1995	34	37.6
1996	17.3	23
1997	40.4	33.4
1998	25.5	28.6

（续）

年份	神奇公式的表现（%）	标准普尔500指数的表现（%）
1999	53	21
2000	7.9	−9.1
2001	69.6	−11.9
2002	−4	−22.1
2003	79.9	28.7
2004	19.3	10.9

即使将其应用于市值超过10亿美元的大公司，神奇公式仍然可以在1988～2009年（包含了几场可怕的波动）实现19.7%的年化回报率。虽然被称作神奇公式，其实里面并没有什么神秘的东西，格林布拉特只是跟从直觉（通常未被人们充分理解），并将价格和质量联系起来，结果不言而喻。和皮奥特洛斯基一样，格林布拉特的方法之所以奏效，是因为它们能捕捉到一家公司是否明智地利用其资源，仅此而已。以合理的价格买进一家懂得善用其资源的公司，绝对是有利无害的。

在生意场上，就像人生中一样，艰难的时刻总会到来，问题只是何时会到来。像往常一样，沃伦·巴菲特生动地说："我试着买一些普通人也能经营得好的公司的股票，因为艰难时刻迟早会到来。"无论这些艰难的时刻是因为什么？无论是具有一个愚蠢的经理、遭遇经济大萧条还是监管政策突然改变，我们的对策都是一样的——质量第一。艰难时刻不可避免，东山再起却不是必然的，一家公司本身的优秀就是保证，市场总有一天会重新开始喜欢那家优秀的公司。

正如支付合理的价格是一种被忽视的风险管理工具，评估你购买的公司是否优秀也有一样的功能。无论你选择的指标是品牌资产、资产回报,还是运营效率,你都必须可以自信地说,你已经投资了一家优秀的公司。本杰明·格雷厄姆曾经这样说:"短期来看,市场是一台投票机器,但从长期来看,市场是一台称重机器。"价格可以在任何时刻告诉你手中的股票的得票数,但质量会告诉我们市场最终将如何衡量这些股票。

行为校准模型

思考:"随着时间的推移,质量将越来越被认可。"

提问:"这是一个可以定义自己规则的品牌吗?"

行动:做好准备,愿意为高质量多付出一些代价。

P3:考虑风险

> 这是一场骗局。股票市场里的家伙非常不诚实。
>
> ——艾尔·卡朋(Al Capone)⊖

亲爱的读者——虽然我们还未曾谋面,但我觉得我好像认识你一样。事实上,我觉得我很了解你并且可以推测出你的个性。让我来试一试吧。请考虑一下以下的描述是否与你符合:

> 尽管其他人可能认为你很志得意满,但你的内心却可能充满担忧和不安。你想被别人钦佩,当你做决定的时候也会顾及这一点。虽然到目前为止你可能还没有做过什么惊天动

⊖ 20世纪初美国芝加哥的黑帮老大。——译者注

地的大事，但你觉得那一天迟早会到来。你觉得自己潜力很大，你推崇独立思考，在接受他人想法时会仔细考量。你喜欢一定程度上的多样化和变化，不喜欢被限制或束缚。你知道自己并不完美，但你可以利用你的优势来弥补你的弱势。

以上的推测如何？如果以 1～5 分（5 分为满分）来打分，你会给我打几分？如果你和其他多数人一样，你可能会给我打 4～5 分。而现在你可能感到困惑——毕竟我们未曾谋面。

以上文字展示了所谓的"巴纳姆效应"（Barnum effect），其别称为"幸运饼干效应"（fortune cookie effect）。巴纳姆效应以伟大的马戏团大亨 P. T. 巴纳姆命名。巴纳姆有一句名言，"每一分钟都有一个傻瓜出生"。他也知道如何哄骗这些傻瓜把钱掏出来。巴纳姆对傻瓜的理解，虽然来自马戏团内，但无疑超过了许多受过正式训练的学者。巴纳姆理解心理学家所称的认知偏差，或者是人类寻找那些强化已有认知的倾向。

当我们收到反馈时，有两种同时发生的两种动量导致了更广泛的认知偏差现象。第一种也是最重要的是所谓的自我验证（self-verification），它会强化现有认知。第二种是自我提升（self-enhancement），在这种情况下，人们会更喜欢那些让我们自我感觉良好的信息。这两种动量的目的非常明确——维持我们的自尊和自信。总的来说，这是一件积极的事情——谁不想让自己感觉良好呢？

然而，这些动量可能在一些情景中被过度使用——包括当我们深信不疑的信息或者自尊受到挑战的时候。当我们在面对不确定的信息时，认知偏差让我们倾向于相信现状不会改变，或者忽视对我们的负面反馈，以及漠视现实。在这些情景中，想要继续维持自尊自信的念头反而让我们忽视了警报，对未来过于乐观。

或许你会说："那么好吧，就算上面说的都是真的，但是与投资有什么关系？"我们不是有效市场派经济学家口中的**理性经济人**（homo economicus），我们在做任何决定（包括财务投资上的决定）时，都会受到这种认知偏差的干扰。事实上，由于财务上的决策往往涉及更高的风险和不确定性，从而往往让人们更容易陷入这种思维谬误。

通过这样或那样的机制，你已经形成了对金融市场运作的一套看法。同样地，你也积累了一些投资组合，其中一部分对你来说有特殊意义（例如，你已故的姑妈叮嘱你千万不要抛售通用汽车公司的股票）。对每一只股票，市场上都有无数的指标告诉你它们是否健康或是有什么问题，但你要坚持自己的信念，并且不愿辜负姑妈的忠告，你就会下意识地接受那些你想要听的故事。

而所谓的基于原则的行为投资者的标志是，她必须是一名真正的科学家——面对她最初的假设，既寻求可以强化它的信息，也寻求可以推翻它的信息。真正的科学家不仅寻求"为什么这可能是一项好投资"的答案，她更加应该追求"为什么我可能会错"的答案。

如果"品质"能告诉我们一只股票确实是高质量的，那么"陷阱"有助于我们管理风险，确保它的质量不低。正如巴菲特所说："投资者不需要做太多对的事情，只要保证不犯下大错就行了。"通过下一个故事，你就会看到对人类而言，我们倾向于幻想一项投资的巨大回报，而不是考虑它潜在的风险。

"为什么我可能会出错"

斯蒂芬·格林斯潘（Stephen Greenspan）是一位心理学家，著有《受骗实录：为什么我们被欺骗以及如何避免被骗》（*Annals of Gullibility: Why We Get Duped and How to Avoid It*）一书，格林斯潘在书中概述了许多上当受骗的著名例子，包括特洛伊木马，以及没有在伊拉克找到大规模杀伤性武器等。这本书的大部分重点关注过去的逸事，但最后一章针对"为什么被骗"进行了剖析，并将其归因于以下几个因素。

- **社会压力**：欺诈通常发生在"朋友圈"内，比如那些与你有类似宗教背景的人。
- **认知**：在某种程度上，被欺骗意味着缺乏某种知识或思维不够清晰（但不一定是智商不够）。
- **个性**：基于某种信仰的特殊情感或者不擅长说"不"，可能会导致被人利用。
- **情绪**：预期会获得某些酬劳的想法（比如能够轻松赚钱的刺激想法）往往会促使人们做出不理智的决策。

针对上当受骗这一未被充分研究的领域，斯蒂芬·格林斯潘用整本书进行了深入的研究。在钻研"受骗性"的领域中，他不仅是一位专家，更是一位大师。这也是为什么当大众听闻他也沦为臭名昭著的诈骗犯伯尼·麦道夫的受害者时感到非常惊讶，他为此损失了个人财富的30%。

格林斯潘对自己受骗一事毫不讳言，他在《华尔街日报》上写道：

就我个人而言，投资 Rye 基金的决定既反映了我对金融的无知，也反映了我不愿纠正这种无知的懒惰。为了弥补我对金融知识的缺乏，以及懒散的作风，我想到的解决方法（或者说是心理上的捷径）是找到一位颇具金融知识的顾问，并且相信他的判断与推荐。这种方法过去一直有效，因此，在这个事件里，我也没有怀疑这种方法会出错。

在麦道夫的骗局中，真正的谜团不是像我这样天真的个人投资者如何认为它是安全的，而是为什么这么多金融知识渊博的人忽视了风险和警告，其中还包括那些管理着各种连接式基金为麦道夫的投资服务的高薪高管。部分原因是，麦道夫的投资算法（以及他所在组织的其他方面）是一个秘密。另外，人们强烈的情感和自欺欺人的过程也发挥了作用（就像在其他所有欺诈案件中的情况一样）。换句话说，他们有太多必须去相信的理由，否则他们的世界很可能会因此崩塌。[94]

格林斯潘对自己的决策和动机进行了深刻的剖析。他承认过去自己总是依赖自以为行之有效的捷径（"让其他人去思考"），而没有考虑过这一次可能行不通。同样，故事中的专业人士也没有兴趣对一个看起来天才般的系统进行质疑。正如哲学家弗朗西斯·培根所说，"当人类一旦采纳某一种观点时，就会接受所有其他支持和赞同这种观点的意见。虽然对立面也有很多证据，但都被忽略和轻视了，或者基于某种区别对待而被搁置和拒绝了。也因为如此，许多有害的成见让先入为主的观点变成权威和不可侵犯的"。

存在主义心理学家欧文·亚隆发现，要让热恋中的年轻人对一段关系中潜在的瑕疵进行批判性的思考是不可能的，同样不可能的是让一个正在赚钱的人来思考："为什么我可能会出错？"

看到那些"无形的"

"投机是一种试图把小钱变成大钱、不太容易成功的努力。而投资是试图避免大钱变小钱、容易成功的努力。"[95] 弗雷德·施韦德（Fred Schwed）的话引出了一个简单而深刻的概念：投资与投机的区别在于你是否有一套考虑可能会出错的系统性过程。如果风险管理是明智投资的必要条件，为什么我们经常忽视它呢？

第一个关键在于：风险本质上是无形的，只发生在未来，因此很难去衡量它。传奇基金经理霍华德·马科斯贴切地将投资组合的风险管理比作建筑物的抗震结构。在真实的地震发生之前，没有人会喜欢（甚至可能会抱怨！）花费额外的时间和金钱以使建筑物免受未来的风险。正如马科斯所观察到的，"兜售'我为你做了什么'，要比'我为你避免了什么'容易得多。我想你们中的大多数人都会认为购买一辆带安全带和安全气囊的汽车是合情合理的，即使你从来没有计划要出车祸。同样，考虑到潜在投资中有什么问题也应该是投资的必要组成部分，尤其对于长期投资者来说，'金融崩溃'是无可避免的"。[96]

风险管理的第二个难题在于，我们的有缺陷的心理会让我们在风险最高时主观地认为风险很低，这也是马科斯所谓的"任性的风险"（perversity of risk）。尽管我们总是认为熊市中处处都是风险，但实际上这些风险都是在之前的繁荣时期埋下的，只是在熊市中爆发。在市场繁荣时期，投资者不断为高风险资产抬价，警惕性有所下降，并愿意加入这场盛宴。高风险不断在牛市期间累积，而正在挣钱的人们对此毫无察觉。在某个时间点，股价稳定在非常高昂的水平，而多数只把波动性作为风险的投资界人士，却漠视了眼前的风险。

资本市场的正向回报提升了人们的兴趣，同时出现的狂热情绪降低了人们的风险感知能力。与此同时，不断上涨的估值加大了未来回报降低的风险，并将价格推高至不可持续的水平。如果你依靠你的直觉，而不是一种基于原则的投资方式，那么几乎可以肯定，你对风险与安全的感知与实际情况应该是完全相反的。

风险可能是无形的，但这并不是说它是不可防范的。如同我们在之前的第一个P（价格）中所看到的那样，确保我们付出的价格合理是在低风险条件下获得高回报的有效方法。

而我们可以采取的第二种务实的方法，就是伯克希尔-哈撒韦的查理·芒格所说的"逆向思考，永远要逆向思考"。当芒格鼓励我们逆向思考时，他就在告诉我们要考虑本章之前提出的问题："为什么我可能会出错？"尽管这是一个值得推荐的个人练习，但如果认为我们可以用公正客观的眼光来审视自身，则过分小瞧了我之前提到的种种自我认知偏差。

作为结果，我在风险管理中，会引入一个"恶魔"般的反对者，他会质疑任何一个受欢迎的想法。我也会自己扮演这样的角色。这个被雇来唱反调的人开始挑战我的理论，撕碎我的论文，我必须遏制住自己想要和他争论的本能冲动。事实上，我规定自己所能提出的唯一问题是为了加深我对反对方的假设。我可以问："你能告诉我你为什么这么想吗？"但要小心避免这样问："你错了，我来告诉你为什么！"

一般投资者都会对表现不佳的股票进行事后分析，质问到底哪里出了问题，并学到教训。但一个出色投资者的标志，是会进行事前检讨，在事情发生前预先设想哪些地方可能会出问题，并且做出相应的调整。就像交易员和心理学家布雷特·斯蒂恩博格在谈到这一概念时所说的那样，"事实上我发现，我最成功交易中的大部分是从负面的彩排开始的，采用'what-if'的策略来制定止损策略。相反地，我发现我最糟糕的交易是从预估获得多少回报的时候开始的"。[97]

投资决策理论家迈克尔·莫布辛（Michael Mauboussin）将这些概念从理论中总结出来，并构造了一份五个步骤的清单。

（1）**考虑替代方案**：结论不应该脱离现实，在真空中被制定。这个选择相对于其他选项而言，更好还是更坏？问自己一个问题："下一个最优选择是什么？"

（2）**寻求异议**：向那些可能反对你的人寻求意见。保持沉默并接受良药苦口，问自己："我哪里可能想错了？"

（3）**追踪之前所定的决策**：当你正在做决定的时候，写下你的想法，之后再来回顾并理清思路，问自己："哪些错误让我过去的努力付诸东流？"

（4）**避免在情绪极端紧张时做出决定**：恐惧、贪婪和兴奋都会影响我们对风险的认识。在决策过程中，情绪从来不会缺席，但感性的情感是理性的逻辑的敌人，问自己："我是一时冲动才做出这个决定的吗？"

（5）**了解诱因**：金融诱因显然是我们做出投资决策的主要动机，但还有其他动机。投资者应该清楚的是，名誉和职业风险也是真实存在的动机，问自己："我对赢和输的看法如何，而这又是如何影响我的预期的？"

我被愚弄了，但可耻的是你

除了典型的关于商业、市场和行为风险的考虑，明智的投资者还必须考虑那些可悲但不争的事实。总有些无良行为者会做出各种缺乏道德的行为，包括虽然合法但具误导性的会计上的诡计，包括如安然公司采取的彻头彻尾的卑劣手段，这一切都将投资者的资本置于极大的风险之中。

因此，作为行为投资者，我们有责任去思考人类行为中黑暗的角落，并依此进行调查。幸运的是，对于我们这些非理论派的人来说，有许多有用但未被充分利用的工具，可以用来检查各种风险，从破产到炒作等。虽然对这些风险因子的全面分析超出了本书的范围（以及我的个人能力），但我还要在这里强调我认为最重要的方法，如果愿意的话，你可以自己做进一步的研究。

1. 监测 C-Score 模型

C-Score 中的"C"是"做假账"（cooking the books）的意思。这一分数是由投资家和行为学家詹姆斯·蒙蒂埃提出的，用来帮助我们找出那些应该马上被卖出的公司，但也可以用来验证长线股票。此评分考虑了6个参数。

（1）净收入与运营现金流之间的差距是否越来越大。

（2）应收账款周转天数增加。

（3）库存周转天数增加。

（4）与收入相关的其他流动资产增加。

（5）总资产、厂房和设备的折旧减少。

（6）连续收购来扭曲盈利。

如果一只股票符合上述任一种情况就得到一分，得分越高就意味着做假账的可能性越高。蒙蒂埃发现，1993～2007年，C-Score得分高的公司股票，其年度收益率比美国市场低8%。将C-Score与估值方法相结合，能获得更有效的结果。C-Score得分高和被高估的股票（以市销率超过2为标准）的年度收益率比市场低14%，年度收益率为负4%。会计上的高明诡计可能会在短期内愚弄一些人，但其长期影响对投资者来说是灾难性的。

2. 奥尔特曼的Z-Score模型

Z-Score是纽约大学金融学教授爱德华·奥尔特曼（Edward Altman）的创意。Z-Score被奥尔特曼用来（非常成功地）预言哪些公司将在两年内破产。在他对66家公司的回溯测试中，正确地预测破产的概率达到72%，预测错误的比例只有6%。Z-Score由以下五个部分组成，并根据其预测能力加权：

（1）**营运资金/总资产**：衡量流动性。

（2）**留存收益/总资产**：衡量杠杆。

（3）**息税前利润（EBIT）/总资产**：衡量盈利能力。

（4）**股票市值 / 总负债**：衡量偿付能力。

（5）**销售额 / 总资产**：衡量资产周转率。

奥尔特曼随后创建了一个可用于私人企业的版本，然而金融业并不适合用其来评估，因为其会计方法非常复杂并且不透明。但是Z-Score还是非常实用的，因为它可以帮助你避开安然公司这样的巨大陷阱——安然最终摧毁了600亿美元的投资者财富。

风险与另类结局

我们常常认为预测未来是风险管理的必要组成部分。毕竟，如果我们能把水晶球磨得再亮一点，那么也许能获得更多的知识，以避开灾难损失。然而事实上，与其说风险管理是对未来的预测，不如说是对当下的深刻理解。虽然风险可能是无形的，但我们仍然可以发现它的蛛丝马迹。

相对于基本面而言，一只股票价格过于高昂，或者一家喜欢操纵人心的公司，其风险的阴影是显而易见的。而如果我们依靠直觉而不是原则，过度自信而忽视逆耳忠言，风险就出现了。风险管理之所以未能受到关注，很大程度上是因为其既无形又乏味，而且不像追逐回报那么有吸引力。正是出于这些原因，风险管理有成为个人投资者的优势源泉的潜力。

在给风险管理的讨论画上句号之前，我们来看一个关于棒球史上传奇人物的故事，虽然这可能有点亵渎这位人物。全世界各地的棒球迷都能记得这个时刻：因为伤势而一瘸一拐的柯克·吉布森（Kirk Gibson），忍受着肠胃炎的痛苦，全力跑过二垒并兴奋地挥舞拳头。毫无疑问，吉布森的全垒打是棒球史上的经典之一，它成就了道奇队的一场不可能的首次胜利并最终赢得世界系列赛的胜利。但在回忆那一刻的英雄事迹时，我们往往会忘记事情是如何发展到此的。

在吉布森的惊人表现发生之前，场上比分为 4 比 3，奥克兰田径队领先，其超级明星队员 Jose Canseco 在第一局时打出一记全垒打（现在我们知道是因为类固醇的帮忙）。1988 年的 Canseco 风头正劲：打击率为 30.7%，42 次全垒打，124 次打点，以今天标准来看完成了相当惊人的 40 次盗垒。当他上场打垒时，防守方就面临着极大的风险，而当时的第一局就是如此。当投手打出一个高挂滑球并落到中外野时，更危险的事情发生了。道奇队居然派受伤的吉布森上场（他在前一场比赛中受伤）。但我们无视了这一风险，这就是心理学家所说的"反事实思维"的一个例子。这个让道奇队反败为胜的调动，成就了其主教练 Tommy Lasorda，他后来被认为是一个战略天才。但是如果事情后来没有那么发展（简单的统计数据告诉我们——打击率从来不会偏向击打方，即使是最好的队员），Lasorda 将会遭受惨败。

正如我们赞扬令人难忘的运动传奇，而忽视了其中的风险和反事实因素，我们在处理重大和特定的金融事件时也是如此：保尔森卖空次级抵押贷款产品；索罗斯卖空 100 亿美元的货币。这些事件是如此巨大而令人印象深刻，结局却是好的。因此，我们认为这类事件预测精准，而忽视了这样做并不符合风险调整后的预期回报。

我的一位朋友曾开玩笑说："每个男人都认为自己和布拉德·皮特只有 10 个仰卧起坐的距离。"在专业投资者和新手身上观察到了明显的过度自信之后，我也可以说："每一个股票市场的狂热交易者都认为自己和索罗斯只有一笔交易的距离。"谈论历史上最伟大的交易是有趣的事情。但在真实的投资世界里,让我们累积财富的不是全垒打,而是设法不要被出局。一致性和仔细观察各种陷阱是你的投资纪律中所必需的,不这样做,你就放弃了最可靠的胜利之路,即不要亏钱。

行为校准模型

思考:"从长远来看,不亏钱才能赢。"

提问:"是否有欺诈和操纵的证据,或者结果好的令人难以置信?"

行动:在每一笔交易中,都要使用 C-Score、Z-Score,并且持怀疑态度来审查。

P4:跟随领袖

圣人曾说过:"凭着它们的果实就能认出它们来。"而不是凭着他们的"免责声明"。

——威廉·伯勒(William S.Burroughs)

现在你已经花了相当多的时间来思考怎样才能成为一名行为投资者,并且早就想要尝试一些行动。让我们想象一下,假设你不是精通心理学的精明投资者,而是一位陆军的首席审讯官。你逮捕了一个坏人,他现在被绑在一间潮湿的审讯室里的椅子上,房间里唯一的光源就是屋顶那个摇曳的灯泡。

根据情报，这个人在一个都会区放置了一枚炸弹，但你不能确定这则情报是子虚乌有还是现实的威胁。如果真有炸弹的话，那么它会在哪里？现在是美国的圣诞节期间，如果只是虚惊一场的话，让炸弹处置小组出现在街头，会吓坏假日购物的大众，也会让你的部门颜面扫地。你的选择如下：花时间去确定这名囚犯是否在撒谎（不，你不能使用"强化审讯技巧"），或者你可以冒着被批评是小题大做的风险，立即派出拆弹小组。选择依赖于一个基本的问题——你能分辨出说谎的人吗？

像《谎言终结者》(*Lie to Me*)这样的电视节目已经普及了这样一种观念：专家们只需要通过解读微表情（一种简短、不自觉的面部表情）就能发觉欺骗者的真正动机。但是，作为这个节目的粉丝，让我非常沮丧的是，这并不符合学者的研究结果。

为了防止另一个类似"9·11"事件的发生，美国运输安全局（TSA）投入了超过10亿美元的经费，训练了上千名行为检测人员来"扫描"乘客，试图通过非语言线索来找出恐袭嫌疑人。这个计划听起来似乎合乎逻辑，其动机也合情合理，但其结果令所有人失望。美国政府问责局（GAO）近期的审查报告中建议全面终止该计划，因为没有证据表明该计划切实有效。[98]

在对200份以"肢体语言欺骗检测准确度"为主题的文献进行分析后，心理学家小查尔斯·邦德（Charles F. Bond, Jr.）和贝拉·德保罗（Bella M. DePaulo）发现[99]，人类能识别出说谎的人的概率只有47%！与其试图对他人的行为进行深入分析，你还不如拿出一枚硬币来判断他是否在撒谎。正如心理学家玛丽亚·哈特维希（Maria

Hartwig)对这一现象所言,"所谓肢体语言会背叛说谎者的常识观念,只不过是一种文化幻想"。[100]

Kassin、Meissner 和 Norwick 在 2005 年的一篇论文中进一步驳斥了专家可以阅读肢体语言的观点。这三名研究人员得到了监狱服刑者的帮助,分别用视频记录下他们的两份供词,一份是真实的罪行,另一份是虚构的故事。然后,他们让一群学生以及一群受过训练的执法专业人员观看两份自白视频,并分辨出虚构的故事和真实的罪行。这些参与的专业人士并不是初入行者——他们的平均工作时间超过 11 年,而且大多数人都接受过欺骗检测培训。对习惯于喝着啤酒看《犯罪现场调查》(Crime Scene Investigation)的我们来说,非常有信心地认为这些专家的表现绝对好过一群学生。

事实却不是这样。对自己能否准确地判断视频陈述的真假,学生的信心较低(6.18/10),但实际上的准确率却高达 53.4%。相反,专家们展现出的自信心较高(7.65/10),但实际上的准确率较低。就执法专家们所有的训练和经验而言,他们的表现糟糕,只有 42.1% 的概率能找到说真话的人。有趣的是,当我们将肢体语言线索抽离时,两个群体的判断准确度都出现了增长(见图 2-7)。该研究表明"肢体语言"不但无法提供有效的判断依据,反而会让我们分心而错失找出真相的机会。

高缺陷人群的七个习惯

根据无数的调查研究,非常清楚的是,我们在分辨谁是诚实的人这一方面表现并不出色(连准确都称不上)。尽管有这些压倒性的证据,但基金经理们仍在大把地浪费客户的钱,对潜在投资目标的基本面,包括公司治理的质量和特色进行深入研究。

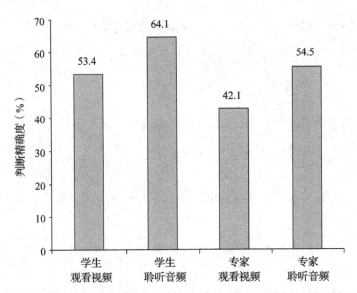

图 2-7　学生和专家分别在有无录像资料的线索下,判断真相的准确度[101]

我们非常希望相信,与管理层会面、与他们共进午餐、研究他们的个人特质应该有一些好处。希望我们能够通过与公司的负责人会面来判断公司运作,进而推断公司的前景,这是可以理解的人类倾向。不幸的是,这是一种思维的偏差,是对时间和金钱的巨大浪费。

悉妮·芬克尔斯坦(Sydney Finkelstein)在其《为什么聪明的高管会失败》(*Why Smart Executives Fail*)一书中列出了一份清单,用来识别注定要把公司弄垮的企业领导人。[102] 典型的商业书籍会关注企业领导人的正面特质,但芬克尔斯坦采取了相反的策略,试图找出这些灾难性领导者所共有的"脱轨现象"。我将他对有严重缺陷的经理人分析得出的七个习惯总结如下：

（1）他们认为自己和公司主宰着他们所处的大环境。

（2）他们完全认同公司，以至于模糊了个人利益和公司利益的界限。

（3）他们看上去无所不知。

（4）他们毫不留情地消灭任何在想法上不认同自己的人。

（5）他们是公司的最佳代言人，并投入大量的时间来维护公司的形象。

（6）面对令人生畏的困境，他们将其视为临时性的、可以被摆平的障碍。

（7）他们总是轻易回到那些让他们走到今天的旧战略上。

根据世界通信公司（WorldCom）、泰科公司（Tyco）和美国在线时代华纳（AOL/ Time Warner）等著名公司的例子，芬克尔斯坦指出了一些让所有人都信服的事实——暴君是糟糕的老板。

虽然芬克尔斯坦的书是在2004年出版的，但让我们假设在1976年4月1日，也就是苹果公司诞生那一天查阅这一份清单。想象你作为某个基金业巨擘派出的大胆的分析师，负责评估史蒂夫·乔布斯（Steve Jobs）的领导力，把他与上面的七项标准相比较。这就是史蒂夫·乔布斯：他会在公司全体会议上特殊对待乃至直接开除某位员工；他长年否认自己的非婚生子女的存在（尽管亲子鉴定结果是肯定的），多年来一直拒绝给予孩子任何关爱和经济支持；他在招聘时对着来自施乐（Xerox）的应聘者说："你之前所做的每件事都不值一提，你为什么不来为我工作呢？"

毫无疑问，在结束和乔布斯的会面之后，按照芬克尔斯坦的方法，你会认定乔布斯可能是一位聪明绝顶的人，但他的领导力极其差劲。你可能会根据直觉，以及上述 7 个关于领导特质的判断，而放弃对苹果的投资。就这样，你会失去一项回报率高达 31 590% 的投资（自这一天到 2015 年 7 月为止）。

人人都认为自家的孩子最可爱

杜克大学的富卡商学院和 *CFO Magazine* 每一季度都会联手，针对来自不同企业的首席财务官和该杂志的订户进行一项调查。这项调查内容多年来保持不变，目的是"捕捉企业的乐观情绪、预期 GDP 增长、资本投资计划和每季度各种业务的变化等趋势数据"。[103]

詹姆斯·蒙蒂埃在他的白皮书《基金管理的七宗罪：行为批判》中指出，该调查结果一致指出，所有首席财务官对自己公司的评价通常高于整体经济。在查看杜克大学的调查数据时，该研究的主持人格雷厄姆和哈维也发现了同样的结果：在互联网泡沫时期，近 90% 的科技公司首席财务官认为，他们的股票被低估了。[104] 每个人都认为自己的孩子（以及自己的公司）比其他人的更可爱，不是吗？即使统计数字并不支持这一点。

在进行投资之前，想要了解一家企业是如何运作的，这是一种自然而然并且有价值的本能。但是事实证明，面对面的交流并不能有效地获取这些信息。首先，分析师和基金经理对会议的结果早就有一种先入为主的偏见，认为会议的结果将会是积极的。毕竟，如果被审查的结果让人失望，那么这次旅行和相关花费全都白费了——你知道给私人飞机加油有多贵吗？！

第二个问题是管理层的不切实际的想法，无论其对经济大环境的观点如何，他们对于自己公司总是抱有过度乐观的憧憬。由于他的过分自信，你很可能会被误导，即使他们不是刻意的。最后，记住我们判断出对方是否在说谎的概率，要比扔硬币还低。在考虑到以上的常识后，我们可以理解对管理层进行面对面的尽职调查，不过是一项昂贵却没有任何意义的活动，它让基金经理花费客户大笔的费用后，获得了虚假的信心。

尽管如此，检查企业内部人员的行为，仍然是一个很好的想法，只是我们一直用错了方法。幸运的是，关于企业经营者，我们可以收集到很多有用的信息。而这些都不需要用一个乏味的牛排晚餐，或者一场令人难以忍受的吹牛表演就能得到。有三种类型的信息能让我们对企业内部人士进行有价值的洞察，并帮助我们评估对该业务的投资：股票回购、内部交易和股息。

症状不会说谎

《豪斯医生》(House M. D.) 是一部美国电视连续剧，从 2004 年到 2012 年连续 8 季都获得高收视率。该节目令人啼笑皆非的主角豪斯医生，由休·劳里（Hugh Laurie）扮演。尽管节目很公式化，但还是很有趣，每一集都围绕着一个疑难杂症，豪斯医生总是可以摆脱病人的误导、关注于实际病情，最终能成功救治病人。他的名言是："病人会说谎，但症状不会。"

1. 内部交易

同样的道理也可以用来观察管理层的行为。没有什么比观察他们如何安排自己的金钱，更能说明他们对生意的看法了。公司内部人士被要求披露自己持股的买卖，这就让那些谨慎的投资者能有所收获。事实上，公司内部人士的交易回报，每年都比市场平均高出 6%，仅落后于参议员的交易（他们被允许利用他们的特权信息进行交易，他们的表现高于市场 12%）。[105]

当一个熟悉自己生意的人用她自己的钱支持公司时，你应该加以重视。而企业内部人士出售股票的理由也有很多（比如：买汉普顿的豪宅、为了签订离婚协议、给情妇封口费等），但购买自己企业的股票只有一个理由——对更光明的明天有信心。

Giamouridis、Liodakis 和 Moniz 在他们的论文《内部人士是聪明的投资者》[106] 中指出了内部交易的一些积极方面，作者发现，在英国，内部交易的绝对值越大，随后的股票回报就越惊人。他们还发现了（你可能已经猜到了）：随着时间的推移，内部人士掌握的信息会逐渐为市场所理解。内部交易发生时，其回报表现只比市场高 0.7%，但在 120 天后，其表现将超过市场 2.9%。

Tweedy, Browne Company 在其年度报告《投资方法和特征与超额回报相关的研究》中，审查了股票的回报与内部交易的关系。最后发现：在某段时间内有超过一名内部人士购买的股票，其回报率是同期指数回报率的两倍，甚至四倍！结果参考表 2-5。

表 2-5　有内部交易股票的投资回报率 [107]

研究者	研究时间	年化投资回报率（%）	
		有内部交易的股票	市场指数
Rogoff	1958 年	49.6	29.7
Glass	1961～1965 年	21.2	9.5

（续）

研究者	研究时间	年化投资回报率（%）	
		有内部交易的股票	市场指数
Devere	1960～1965 年	24.3	6.1
Jaffe	1962～1965 年	14.7	7.3
Zweig	1974～1976 年	45.8	15.3

这些研究的结果如此引人注目，让我不禁纳闷："当答案就摆在我面前时，我为什么还要去听管理层对他们股票的看法呢？"没有比观察一个人如何花自己的钱，更能了解他真实的想法和价值观的了。

2. 股票回购

除了内部交易，当管理层愿意动用公司的资金来购买自家的股票时，同样也展现出了他们对未来的乐观心态。巴菲特简洁地描述了这一行动的意义：

> 当我们所投资的公司将其留存收益拿出来购买自家股票的时候，这种行为将会受到投资者的热烈追捧。原因非常简单：如果一家优秀的企业的股价低于其内在价值，那么对于已经以低价买入的投资者来说，这意味着未来的回报必将大幅提升。企业并购行为背后的竞争本质，似乎意味着我们必须付出原价去购买一家公司——但经常当某家公司企图买下另一家公司的全部股权时，买价往往比原价更高。而股票市

场的公开拍卖性质，则让运营良好的公司能以相对较低的价格买下盈利的自身公司的股票，其价格通常只有并购其他公司所需的价格的 50%。[108]

回购股票的行为不仅证明该公司看好自己的未来，同时也有其他额外的好处——提升了我们手中股票的价值。考虑到股票回购的积极未来预期和眼前的回报，难怪那些积极回购股票的公司的投资回报率如此高。1985 年的《财富》杂志刊登了卡罗尔·卢米斯（Carol Loomis）的一篇文章，她考察了那些 1974～1983 年积极进行股票回购的公司的投资回报率。[109] 假设我们在回购当天买入公司股票，并持有至 1984 年，那么回购股票的公司平均每年复合回报率为 22.6%，而同期的标准普尔年回报率仅为 14.1%。詹姆斯·奥肖内西在其著作《投资策略实战分析》中也检查了回购行为带来的超额回报，他创立了一个概念"股票回购率"，用来区分真正的回购和表面回购暗地发行新股的把戏。他发现，股票回购率最高的公司组（也即在外流通股票数目降低最多的公司），能在隔年获得平均 13.69% 的回报率，而在分组中股票回购率最低的公司（也即在外流通股票数目增加最多的公司），隔年回报率只有 5.94%。

一个常见的批评是，宣布股票回购的行为可能只是一种公关行动，并不是公司的实际意图。但正如韦斯利·格雷博士在《量化价值投资》中所说的，"仅仅宣布回购计划，往往就足以推动一只股票上涨。宣布回购的股票（不管它们是否会被真的回购）在即刻和长期内都会表现出色"。[110] 股票回购的力量是如此强大，即使光是提起这个词，就会对股票的表现产生巨大的积极影响。

3. 股息

内部交易和股票回购之所以能提升回报业绩，是因为它们让我们看到了知情人士对自身企业的看法。和管理层的表现同样重要的是，他们是如何对待股东的。如果说回购股票是在说"我相信自家公司的业务"，那么给股东派息就是在说"我爱我的股东"。如果说购买股票相当于买下一家公司的部分所有权，那么拿到股息则意味着回收部分获利。

基于研究对象的不同，股息占股票历史回报的比例从44%至50%不等。[111] 但这些发放高股息的股票，却往往被嘲笑为"孤儿寡母股"（widow and orphan stocks，即安全但升幅有限的股票）。是什么心理让人们贬低股息这种有利可图的事情？背后的原因可能相当复杂，但你现在应该已经明白，找出那些被轻视事物背后隐藏的巨大价值，正是基于原则的行为投资主义的核心。

股息让人喜爱的原因之一在于，尽管不能保证，但股息的波动性通常比股市本身来得低。本·卡尔森指出："1929年9月至1932年6月，按照通胀调整后的标准普尔500指数计算，股市下跌了81%。但在同一时期，按照通胀调整后的标准计算，股息跌幅仅有11%。当股市从1973年1月至1974年12月下跌了54%时，实际股息仅下跌了6%。"[112] 如果说在市场向好的时候分到股息仅是锦上添花，那么在熊市时分到股息就是雪中送炭了。

我们还应该考虑到，股息并不只是一种防御性的游戏。如果我们能正确理解它的本质，它将帮助我们大幅提高回报。詹姆斯·奥肖内西根据股息率将股票分成十组，并得出了令人惊讶的结果——股息是好东西，能带来很多好处。1926～2009年，股息率最高的股票组的年化回报率为相当可观的 11.77%，稳健地超过了同期股票的 10.46% 的回报率。然而，在股息率排名第二、第三和第四组的股票中，其表现甚至比最高组更好。如果我们把 1 万美元投在表现最好的第三组上，到 2009 年年末我们能获得 1.45 亿美元。

令人眼花缭乱的股息可能会试图吸引那些希望能立即获得"稳定"回报的投资者。但遗憾的是，分红的背后或许只是试图隐瞒不佳的业绩的把戏。另外，投资于不分红的股票，则是将所有赌注都押注在股价的成长上，但这场赌局不总是偏向投资者。选择付给适当的股息，就能既在当下给股东回报，又不用承担未来付出高代价的风险。

你应该已经注意到了，我们在美国市场上发现的行为投资话题，也可以在国际市场上发挥作用。人性在全世界都是相似的，非理性的货币流动把整个人类大家庭团结在一起。与此类似，巴斯大学的马里奥·莱维斯教授（Mario Levis）进行了一项研究，检查了 1955～1988 年在伦敦证券交易所上市的 4413 家公司的股息率。[113]

结果如表 2-6 所示，我们再一次看到：股息率与投资回报之间有很强的、近乎线性的关系。与奥肖内西的发现不同，莱维斯认为，"股息越多，回报越多"原则的唯一例外是那些根本不支付股息的股票，其表现往往略好于市场表现（尽管远低于支付股息的前 50% 的股票）。

表 2-6　1955～1988 年，英国公司的投资回报率

股票组别（按股息率从大到小排列）	股息率（%）	年化投资回报率（%）	起始 100 万美元到 1988 年 12 月的价值（百万美元）	平均市值（百万美元）
1	13.6	19.3	403.4	283.4
2	10.9	17.7	254.9	278.5

（续）

股票组别（按股息率从大到小排列）	股息率（%）	年化投资回报率（%）	起始 100 万美元到 1988 年 12 月的价值（百万美元）	平均市值（百万美元）
3	8.7	16.8	196.4	337.2
4	7.4	16.0	155.4	266.4
5	6.4	15.4	130.3	223.1
6	5.5	14.1	88.7	206.5
7	4.7	12.4	53.2	112.1
8	4.0	11.9	45.7	95.4
9	3.1	11.5	40.5	94.4
10	1.4	13.8	81.1	74.6
英国 FT 全股指数	5.3	13.0	63.8	503.5

你的行为盖过了你的声音

行为投资植根于这样一种观念，即人本身才是投资过程的核心所在，但这也意味着我们需要意识到自己的局限性。对冲基金和共同基金经理喜欢谈论一些诸如"脚踏实地"或者"深刻挖掘"等方面的话题，但这些都是没有意义的，只不过将客户的费用浪费在一场确认偏差的盛宴上，没有丝毫的真实效益。

与其付出高额费用让基金经理对公司 CEO 提出不痛不痒的问题，不如去观察那些能真实表现其意图的指南针——行为。他们是否会用自己的辛苦钱投资自己的公司？他们是否以公司的资金去购买他们认为很有吸引力的产品？他们是否足够关心股东而愿意发放股息？如果答案都是肯定的，那么你或许可以找到一个制胜的投资标的。但如果答案为否，那么你可能面对的是一个只愿意把钱往自己口袋里塞，而不愿意分些零钱给你的公司，正如詹姆斯·弗里克（James W. Frick）所说的，"不要告诉我你的优先级是什么，让我看看你把钱花到了哪里,我就能知道答案"。

行为校准模型

思考: "谁会比公司内部人士更了解公司呢?"

提问: 不要发问,只去观察内部人士把钱花到了哪里,以及他们的实际行动。

行动: 只有那些如你关爱它们那样同样关爱你的公司,才值得你做它们的股东。

P5:顺势而为

每一种趋势都会永远持续下去,直到它结束。

——约翰·聂夫(John Neff)

作为一个品位高雅、相貌不俗的人,我相信你从来都没有为缺乏爱而苦恼过。但为了科学探索,现在让我们想象一个虚构的人。想象你是一个单身、孤独,一直在寻找另一半的人。然后进一步想象一下,你有一位善良的朋友,他试图帮你牵线搭桥,安排一场相亲。一开始你假装对此不感兴趣(嘴里说着"我很好,真的")。但最终看着你双人自行车上的蜘蛛网,你被说服了。

你见了相亲对象,很高兴自己放弃了"不见面"的原则。他/她很有魅力、和蔼可亲,并且很健谈。你们进了一家要提前6个月预约的餐馆,谈了很多关于慈善事业的话题,他/她展现了善于讽刺而又非愤世嫉俗的机智风趣,非常讨你喜欢。随着第一次约会的结束,你发现自己已经开始期待下一次的见面了。那么他/她会不会是你命中注定的另一半呢?

你们的第二次约会是一堂舞蹈课,这次你获得了渴望已久的亲密接触;第三次约会是在中央公园野餐;第四次约会是在歌剧院。你假装喜欢歌剧,以免得自己看起来像个土包子(这是歌剧存活了几个世纪的唯一原因)。是的,四次约会之后,你开始坠入爱河了。但是情况突然急转直下。

第五次约会的时候,他/她没有开着你已经习以为常的豪华礼车,取而代之的是一辆破车。为了不失礼,你没有对此提出任何疑问。但对象之前总穿的那款时髦的休闲套装,也变成了一套邋遢并且带有芥末污迹的衣服(请想象一下芥末污迹的样子)。

更糟糕的是,他/她的行为举止也彻底变了,曾经让你喜爱的幽默风趣变成了刻薄挖苦,有时甚至针对你。慷慨大方变成了斤斤计较,高谈阔论的理想主义谈话变成了对你们共同朋友的八卦。在结束第五次的约会后(在保龄球馆),你开始纠结,要不要去赴第六次约会,因为你不确定在门口迎接你的是埃凯勒还是海德㊀。而你的约会对象需要一个答案——以便决定你们下次约会要做什么。

如果你和大多数人一样(无论你的答案如何),你决定给他/她第二次机会,进行第六次约会。你宽宏大量的原因不在于你的善良,而在于"锚定效应"和"确认偏差"等心理原则。锚定效应是指在形成意见和做出决定时,人们倾向于依赖最开始获得的信息。

㊀ Jekyll or Hyde,百老汇音乐剧《变身怪医》里的双面角色,埃凯勒是一位温文尔雅的医生,海德是杀人狂魔。——译者注

当你初遇一个人时，你会在几秒内形成对他的看法。这种倾向用去头皮屑洗发水的广告口号来概括就是："你永远不会有第二次机会去改变第一印象。"这种第一印象会设置护栏，将未来的印象隔离开来。所有新信息都会基于最初的锚定，以及你对此人的最初判断。另外，确认偏差让我们倾向于以符合我们的先入为主的偏见，或符合自身兴趣的角度，去解释新的信息。

在这场相亲的故事中，因为一开始获得的正向互动，让你将对方锚定为充满活力、聪明有趣和亲切的人。除此以外，你还有自己的私人理由希望一切如此——毕竟孤枕难眠可不是什么有趣的事情！你不仅通过观察确认他/她是一个好人，你还需要他/她是一位好人。这样你就不会陪着你的猫孤独终老了。

这种锚定效应和确认偏差的组合，导致我们把此刻的现实投射到未来，然后忽略了新的信息。在现实生活中，这只会导致我们浪费时间跟不可能的对象约会。但在投资上，这就是推动我们前进的动能，或者说推力。如同我们认为一次美妙的约会会带来下一次同样美妙的约会，我们倾向于认定一个股票当前的强劲表现也会延续到未来。

不可否认的是，动量效应（momentum effects）是非理性的；大脑的运作常常倾向于图省事而非追求可能性。同样不可否认的是，这种效应是非常强大的。

关于动量投资的（非常）简短的历史

动量的概念是从物理学世界借用的（金融学至今仍然喜欢借用物

理学中的语言）。这本质上是牛顿的第一运动定律在金融学上的应用：匀速运动状态下的物体倾向于保持这种运动状态。[115] 正如 Newfound Research 的科里·霍夫斯坦（Corey Hoffstein）所说："动量是一种根据最近的回报买卖股票的投资体系。动量投资者购买表现优异的证券，避免买入（或者尽快卖出）表现不佳的证券。他们认为在没有重大事件的前提下，表现优异的证券将继续表现优异。"[116]

再深入探索一些，我们发现动量有两种类型：绝对动量与相对动量。绝对动量指的是股票与其自身的历史表现相比，而相对动量指的是拿其他股票的情况与特定股票去做比较。这两者都出于同一种理念：短期内，强弱趋势不会改变。

我将在下面简述一下关于动量研究的历史；对此感兴趣的人，我推荐可以进一步阅读加里·安东纳奇的《双动量投资》（*Dual Momentum Investing*）和科里·霍夫斯坦的 *Two Centuries of Momentum*。尽管一些纯粹的价值投资主义者把动量投资视为巫毒，但实际上有两个世纪的历史经验可以为其做背书。

早在1838年，詹姆斯·格兰特就出版了一本书，研究了英国经济学家大卫·李嘉图（David Ricardo）极其成功的交易策略。格兰特在谈到李嘉图的成功时说：

> 正如我刚提到的李嘉图先生，我发现他之所以能积累巨额财富，是因为他对自己的三条金科玉律执行得一丝不苟，他过去也常常影响他的亲朋好友遵循它们。这些包括："千万不要拒绝任何一个可能的机会""尽可能降低损失""让盈利持续下去"。李嘉图先生的所谓尽可能降低损失，意思

是当一个人买进股票后若价格开始下跌,他应该立即售出股票。而所谓的让盈利持续,意思是当一个人买入股票后并且价格开始上涨时,他不应该出售股票,直到价格达到最高点。事实上,这些金科玉律除了可以运用在股票交易上,也可以应用在其他类型的交易上。"[117]

尽管对于动量投资法过去几年中已经有了一些实践,但直到1937年赫伯特·琼斯(Herbet Jones)和阿尔弗雷德·考雷斯三世(Alfed Cowles III)才对其进行了严格的实证验证。琼斯和考雷斯发现1920～1935年,"以一年作为评估单位……一只在某年表现超过平均水平的股票,在下一年中,它的表现也会超过平均水平"。[118]

20世纪50年代,投资新闻专栏作者乔治·切斯纳特(George Chestnut)在谈到动量策略时说:

> 哪一个才是最好的策略?是买一只领先的强势股票,还是四处寻找有潜力但暂时落后于市场的股票,然后希望它能迎头赶上?根据基于数千个例子的统计数字,我们可以得出清晰的答案。很多时候,最好是购买领先股,远离落后股。股票市场就像生活的许多其他方面,强者恒强,弱者恒弱。[119]

与切斯纳特同时代的尼古拉斯·达瓦斯(Nicolas Darvas)提出了"箱体理论",购买创新高的股票(即冲出了旧箱体),并用严格的止损机制来对冲风险。达瓦斯在谈到他的方法时说:"在熊市时我远离市场,把股票留给那些不介意拿钱与市场趋势较量的人。"[120] 罗伯特·莱维（Robert Levy）在20世纪60年代末引入了"相对强势"的概念，但在他之后，动量投资被忽视了近30年。

随着本杰明·格雷厄姆（后来的沃伦·巴菲特）的基本投资法开始出现在投资界，动量投资越来越被视为一种骗术。巴菲特毫不掩饰对此方式的嫌弃，他说："我无法想象有如此多的研究只考虑了标注着价格或者量化行为的图表，却不去多想想公司的其他方面，你能想象只是因为某家公司上周或者两周前的超常发挥就买下整家公司吗？"[121]

近些年来，人们对动量投资的接受度逐渐提高。因为无论是什么稀奇古怪的原因让它出现，该方法的持久性和普遍性都是不容否认的。 在Jegadeesh和Titman的Returns to Buying Winners and Selling Losers: Implications for Stock Market Efficiency一文中，我们发现1965～1989年，获利的股票在接下来的6～12个月中表现继续优于亏损的股票，而且幅度相当大——每月1%，即使在考虑了其他风险因素后也是如此。[122]

事实上，动量的影响是普遍的，而且不限于市场、地点或时间。克里斯·盖奇（Chris Geczy）和米哈伊尔·萨莫诺夫（Mikhail Samonov）进行了被称为"史上最长的回测"的实验，发现自1801年以来，美国就一直存在动量效应。[123]而自维多利亚时代以来，英国的动量效应就一直在发挥作用。[124]并且动量效应在40多个国家和十几个不同资产类别中也证明了自己的力量和持久度！[125]我们在心理上对动量效应的倾向如此根深蒂固，"自从市场存在以来，早在研究人员将其作为一门科学来研究之前，它就一直是市场的一部分"。就像从无意识的心理变化中产生的所有金融概念一样，我们可以认为动量策略也会一直持续下去。

动量以外……

现在你可能会发现自己处在一个十字路口,当我开始相信动量的力量时,我也曾面对同样的十字路口。一方面,直觉和经验告诉我们它确实存在;另一方面,我们又有什么资格不同意沃伦·巴菲特的观点呢?加以仔细的考量之后,我们发现,无论是"动量是伟大的"还是"动量就是邪教"这两者都有一定的道理。将两种观点的优势相结合,我们创造出一种比纯粹的动量策略具有更少负面影响并且效率更高的推动力量。

詹姆斯·奥肖内西研究了在 6 个月内表现最佳的股票相对于整体市场的表现,发现动量策略能获得 14.11% 的回报,超越了同期市场 10.46% 的平均回报率。[126] 虽然 3% 左右的超额回报可能听起来不够刺激,但这个数字背后所代表的可能是 5.73 亿美元和 3900 万美元的差距(以 1926 年 12 月投入 1 万美元开始计算)。奥肖内西还发现,动量投资的表现在某种程度上总是优于市场平均回报,若以 5 年为限,则动量投资的表现有 87% 的概率优于市场。[127]

就这么定了!我们每年只要能买最好的动量股,就能躺在一堆金币里退休,对吧?不要那么快下结论,虽然孤立地看动量股是好东西,但当这个策略出错的时候,也会错得一塌糊涂。可能你已经猜到了,某些动量股的价格非常高昂,并且可能向着更高的方向前进。而问题正在这里:采取单纯的动量策略,可能会将你带向投机泡沫,比如 2000 年左右的互联网泡沫。在泡沫破灭之前,动量股的表现非常优异,排名前 10% 的动量股在 1995 年至 2000 年 2 月间,价格上涨了 42.24%。[128] 然而,在接下来的 3 年里,高动量股票的价值几乎损失了一半,比整个市场还要糟糕得多。

如果我们不去追求纯粹的动量策略，而是将其与我们已知的合理价格相结合，效果又将如何呢？克里夫·阿斯尼斯在 The Interaction of Value and Momentum Strategies 中，检验了将这两种良好的策略结合起来的效果。[129] 毫不奇怪，他认为价格和动量是负相关的，也即廉价股票不具有动量，而高动量股票往往不便宜。根据股票的价格和动量，将其分成不同组别之后，阿斯尼斯将这两个维度上的最糟糕组合（高价格、低动量）与这两个维度上的最佳组合（低价格、高动量）进行比较，得到了令人印象深刻的结果。他发现，高价格、低动量投资组合的年化回报率相当令人失望，年回报率仅为0.36%，而低价格、高动量的年回报率为19.44%。结合了动量与基本面的策略简直就像巫术一样神奇。

正如奥肖内西曾指出的，"在华尔街的所有信仰中，价格动量策略是让所有有效市场理论家最崩溃的那个"。在一个完美的世界里，只因为一只股票的价格上涨，就用高于昨天的价格去购买该公司的股票，这不是什么合理的事情。但我们并不是活在一个完美的世界里，在华尔街的疯狂世界里，规则就是如此。

当格雷厄姆采用"雪茄烟蒂投资法"投资时，他所依赖的简单但不变的事实是，你为一家企业付出什么样的价格是非常重要的。查理·芒格因此鼓励巴菲特以合理的价格去购买公司。而行为投资学是这种优良传统的最新迭代，以一个合理价格买下公司后，当其他人开始认同你的观点时，最大化回报的时期就将来临。

关于5P选股法的总结

在基于原则的行为投资学里，有许多可用的投资指导原则。这里给出的 5P 选股法只是一个例子。而 5P 选股法之所以有效，是因为它根植于一系列研究、利用简单的方法去衡量企业的基本要素。购买一家高质量、低成本、遵守规则、管理层充满信心的公司，这既是常识，也是经验之谈。

你可以将一些个人因素添加到 RBI 框架中来改进 5P 选股法，而不需要想象一些深奥的东西。基于原则的行为投资之所以行得通，原因很简单：只要长期坚持做一些正确的小事，最终就能有很大的影响并获得惊人的效果。

行为校准模型

思考： 被动量控制的股票将继续其前进的方向。

提问： 在过去的 6 个月到 1 年中，从相对和绝对的角度来看，这只股票表现如何？

行动： 购买一篮子价格合理、质量很好的公司，并将此过程自动化，然后就可以坐享其成。

尾声
疯狂世界里的行为投资学

THE LAWS
OF WEALTH

> 随波逐流不能成为一名价值投资者。
>
> ——塞思·克拉曼

出生于哥伦比亚的记者、作家与外交官埃德温·勒菲弗（Edwin Lefevre），写了许多令人印象深刻的关于华尔街文化的著作。他总共出了8本书，最出名的是《股票大作手回忆录》，是一本关于杰西·利弗莫尔（Jesse Levermore）的传记。这本书有一段内容我非常喜欢并且记忆深刻，是关于投资的理论和实践之间巨大距离的描述：

> 我遇到过一些人，他们在脑海中在股票市场上进行假想的操作，然后用假想的美元来证明他们是正确的。有些赌徒甚至幻想自己已经赚了百万美元，然后很容易就变成鲁莽的投机者。这就像老派的故事里那些第二天就要去决斗的男人。
>
> 然而他的副手问他："你的枪法准吗？"
>
> "好吧，"决斗者说，"我可以在20步的距离外打中高脚

杯的最细之处。"他看上去很谦虚、稳重。

"那真是太好了,"副手面无表情地说,"但如果那只高脚杯拿了把上了膛的手枪,并且用枪指着你的心脏的时候,你还能打中吗?"

读到这里,本书并没有要求你做太多。你已经读到了为了自己的财富,需要如何管理你的行为。在将市场大师们的智慧内化,你已具备了一定的理论基础后,现在应该可以在20步的距离外轻松地打中行为偏差了。但这里唯一的问题是,市场会反击。

我一直在宣扬行为是如何对一切产生影响的,范围从管理风险到个人决策制定,再到个股的选择。某些时候,通过书本来学习的方法对于实现个人的成功是必要且充分的。但在投资方面,仅有知识是绝对不够的。

伊曼纽尔·德曼引用了奥地利经济学家、诺贝尔经济学奖得主弗里德里希·哈耶克(Friedrich Hayek)关于硬科学与软性追求(如投资管理)之间的区别的观点。德曼认为:"在物理科学中,我们通过具体经验了解宏观世界,通过抽象概念来进行微观研究。"[1] 例如,最早的理论研究依赖于我们的感觉(比如压力),最终使我们认识到压力来自微观原子的运动。所以说,在硬科学中,宏观的观察往往可以为微观层面的理论和探索铺平道路。

然而,由于"物理嫉妒"⊖(就像所有社会科学一样,投资学也是一门社会科学),早期尝试的投资管理的"科学化"也是试图模仿物

⊖ 指在很多专业领域中,大家认为其中的理论最终应该像物理学一样,能透过数学模型的方式加以解释或呈现。——译者注

理学的研究方式,从宏观观察出发,而忽略了个体的市场参与者。但这完全搞错了,正如德曼所说,"如果说正确的方式是从抽象到具体,那么顺序应该颠倒:我们应该先从具体的个人经验中了解股票经纪人和市场参与者,再去理解抽象的宏观经济,而不是反其道而行之。"[2]

人类个体的心理因素(包括缺点)必须是任何一种务实的投资公式的核心考量因素。好消息是,他人的错误能够持续、系统地给我们带来竞争优势,而坏消息是,我们自己也难逃行为偏差的陷阱。因此,如果缺乏一套坚定的行为原则,我们也会成为他人成功道路上的前车之鉴。

无论如何我们自己也很难在思考与行为上摆脱这种系统性的错误,这完美地解释了"为什么我们要做出这些努力"。毕竟,关于价格、个人、动量影响力等研究的相关信息,有许多人都可以轻松获得,与你一样。但我可以拍着胸脯告诉你,总有人会产生这些行为偏差,正如有些人就是会暴饮暴食、就是会出轨、就是会害怕大白鲨胜过一切。美国有这么多的肥胖人士,绝不是因为缺乏健身房或者营养学知识。胖人之所以肥胖,是因为甜甜圈比花椰菜好吃多了!对冲基金经理塞思·克拉曼说:

> 因此,就算整个国家的人都成为证券分析师,熟读格雷厄姆的《聪明的投资者》,并定期出席沃伦·巴菲特的年度股东大会,大多数人还是会沉迷于热火朝天的公开募股、动量策略和投资新潮流。人们还是会进行短期交易,并根据股票走势来分析市场形势。一个充满证券分析师的国家,依旧会反应过度。简而言之,即使是训练有素的投资者也会犯和新手相同的错误。原因很简单——他们就是控制不了自己![3]

在努力积累更多财富的过程中,每个人都会犯错,而这正是我们实现目标的最大优势,但也是阻碍我们达成这一目标的最大障碍。

如果说这种不一致性是 RBI 方法在长期维度上能够成功的第一个关键原因,那么第二个原因就没有那么直观了,因为 RBI 方法在短期内可能会失败,所以会有几个月甚至几年时间,其他方法的效果会超过 RBI。沃伦·巴菲特也曾多次失败。乔尔·格林布拉特的神奇公式的中期和长期表现都让标准普尔指数黯然失色,但它也曾连续 3 年表现都低于市场,而且每 12 个月就有 5 个月表现不佳。

在这种时候,短视的投资者会质疑 RBI 的有效性,忽视其内在的智慧,然后放弃。如果历史是一切事物的老师,那么这些退出者也许很快就会看到 RBI 方法将开始一段相当优异的表现。正如本杰明·格雷厄姆所说的,"这一切相当奇怪——股市里有如此多的聪明人都在从事专业工作,却可能出现一种明智但不受人关注的方法。然而,我们自己的事业和声誉,却又建立在这一不太可能的事实之上"。[4]

许多伟大的投资者明确地告诉我们,行为投资是一条孤独的道路,注定不会吸引那些关注竞赛的人气的人。在"行为金融学"一词被发明很久以前,约翰·梅纳德·凯恩斯就提出了这样的观点:

> 真正关心大众利益的长期投资者,其做法往往会受到最多的非议,无论其管理的是一个委员会还是银行董事会。在一般人看来,他的行为是古怪的、反传统的和鲁莽的,如果他成功了,人们只会认为这是由于他的鲁莽,如果在短期内他失败了,那他可能不会得到任何怜悯。世俗的智慧告

诉我们,遵循传统而失败会比违背常规而失败,更易被人接受。[5]

凯恩斯认为,对于大多数人来说,以 RBI 为基础的行为投资法可能不易被理解——这是一种非典型的成功道路。你的那些偏好指数基金的朋友可能认为 RBI 方法太过主动了,另一些坚持对一只股票下大量赌注的人,又会认为这种需要耐心的系统性做法过于稳重。但是理财中的一条老生常谈的原则是:稳健的中庸之道会带来令人满意的收获,不管此刻它看起来多么奇怪。

到目前为止,我们已经考虑了行为投资的诸多优势,但尚未提及其最大的好处,也即自我反省和个人成长带来的无数好处。从外表来看,大多数人都认为投资相当枯燥乏味、完全没有人性,只关心追逐利益。但当真正合格的投资者理解了投资中的人性因素后,他们获得的将不仅是投资程序的改进,还包括改善人生际遇的机会。贾森·茨威格在对投资专业人士的演讲中表示:

> 如果你们只把行为投资学当作一扇观看世界的窗户,那么你们将对自己、对客户和公司造成极大的损害。事实上,它是一面照向你自己的镜子。它的可怕之处还在于能放大和突出你所有的缺陷和不完美。
>
> 毕竟,通过一扇窗户望向下面的世界并不需要很大的勇气。看着成群的庸众漫无目的地蹒跚而行,而你却可以从高高在上的位置清楚地看到通向目标最简单也最安全的道路。
>
> 但是,面对一面镜子却需要很大的勇气,你必须长时间地捧着它看,然后各种影响逐渐浮现:镜子里同样盯着你的

是一个受制于无情的小数定律○的人，总是后知后觉，反应过度，心胸狭隘，用心理账户来衡量得失，对于现状持有偏见，无法评估自己未来的悔恨，以及（最重要的是）过度自信。[6]

古希腊人深信地心说（虽然现代人对此难以置信），认为地球是宇宙的中心，所有其他天体围绕着地球运转。在古代，人们普遍认为人体含有四种体液，即血液、黑胆汁、黄胆汁和痰，身体的健康与否则取决于四者之间能否实现适当的平衡。在不那么遥远的过去，医生用水蛭给人放血，并认为这是使人体保持活力的关键。为了让自己在个人生活和职业方面时刻保持谦逊，我在办公室里放了一个颅相学的头骨，提醒自己要根据大脑结构来判断某人的性格和个性。更可怕的是，对于我们的后代来说，我们今天深信不疑的东西可能根本就是荒谬的。

正如今天我们在嘲笑那些落伍的事情，我相信在不远的将来，人们会好奇为什么我们的金融模型没有将市场参与者的个人行为纳入考量。我有三个孩子，我热切地希望等他们上大学的时候，学校不会提供任何行为投资学的课程。如果有，那恐怕意味着行为投资学将陷入复杂的学术地盘之争，人们将为表面的差异而争论不休，进而不会去寻求有益观点的融合。我希望他们能把投资学作为一门复杂的、实验性的、有点凌乱的学科来学习，而他们的教授会用某种数学性的精度来进行研究，绝不会妄想断绝任何可能给投资学注入活力的联系。把心理学和投资学融合起来，不仅能提高我们的回报，更能让我们深刻地认识自己——这才是真正的财富。

○ 指根据自己的亲身经历或者知道的少数例子来推测和下结论。——译者注

注　释

导言

1. J. Grenny, K. Patterson, D. Maxfield, R. McMillan and A. Switzler, *Influencer: The Power to Change Anything* (McGraw-Hill Education, 2013), p. 17.

第一部分

1. Damodaran Online, *Investment Management*, 'Risk and Time Horizon'.
2. N. Silver, *The Signal and the Noise: Why So Many Predictions Fail--but Some Don't* (Penguin, 2015).
3. B. Carlson, *A Wealth of Common Sense: Why Simplicity Trumps Complexity in Any Investment Plan* (John Wiley & Sons, 2015), p. 12.
4. M. Statman, *What Investors Really Want: Know What Drives Investor Behavior and Make Smarter Financial Decisions* (McGraw-Hill Education, 2010), p. 6.
5. L. Lofton, *Warren Buffett Invests Like a Girl: And Why You Should, Too* (Harper Business, 2012), p. 25.
6. J. Diamond, *Collapse: How Societies Choose To Fail Or Succeed* (Viking, 2005).

7. G. Antonacci, *Dual Momentum Investing: An Innovative Strategy for Higher Returns with Lower Risk* (McGraw-Hill Education, 2014), p. 83.
8. B. Graham and J. Zweig, *The Intelligent Investor: The Definitive Book on Value Investing. A Book of Practical Counsel* (Harper Business, 2006), p. 215.
9. D.G. Bennyhoff and F.M. Kinniry Jr., 'Advisor's alpha', Vanguard.com (April, 2013).
10. D. Blanchett and P. Kaplan, 'Alpha, Beta, and Now... Gamma', Morningstar (August 28, 2013).
11. 'The Value Of Financial Planning', Financial Planning Standards Council, fpsc.ca.
12. J.M. Brown, *Backstage Wall Street: An Insider's Guide to Knowing Who to Trust, Who to Run From, and How to Maximize Your Investments* (McGraw-Hill Education, 2012), p. 9
13. Graham and Zweig, *Intelligent Investor*, p. 217.
14. Carlson, *Common Sense*, p. 68.
15. Ibid, p. 26.
16. N.J. Goldstein, S.J. Martin and R.B. Cialdini, *Yes!: 50 Scientifically Proven Ways to Be Persuasive* (Free Press, 2009), p. 188.
17. J.K. Galbraith, *A Short History of Financial Euphoria* (Penguin, 1994), p. 6.
18. D. Ariely, *Predictably Irrational: The Hidden Forces that Shape Our Decisions* (HarperCollins, 2009), p. 97.
19. Ibid.
20. B.N. Steenbarger, *The Psychology of Trading: Tools and Techniques for Minding the Markets* (John Wiley & Sons, 2002), p. 54.
21. G.M. Cogliati, S. Paleari and S. Vismara, 'IPO Pricing: Growth Rates Implied in Offer Prices' (SSRN, February 1, 2008).
22. M. Lindstrom, *Buyology: Truth and Lies About Why We Buy* (Random House Business, 2009), pp. 27-28.
23. J. O'Shaughnessy, *What Works on Wall Street: The Classic Guide to the Best-Performing Investment Strategies of All Time* (McGraw-Hill Education, 4th edition, 2011), p. 26.
24. J. Montier, *Value Investing: Tools and Techniques for Intelligent Investment* (John Wiley & Sons, 2009).
25. T.J. Peters and R.H. Waterman, Jr., *In Search of Excellence: Lessons from America's Best-Run Companies* (Harper Business, 2006).

26. Brown, *Backstage Wall Street*, p. 6.
27. Montier, *Value Investing*, p. 17.
28. Galbraith, *A Short History*, p. 110.
29. Lindstrom, *Buyology*, p. 54.
30. Ibid.
31. R.B. Cialdini, *Influence: The Psychology of Persuasion* (Harper Business, 2006), p. 115.
32. Cialdini, *Influence*, p. 118.
33. Ibid.
34. Graham and Zweig, *Intelligent Investor*, p. 219.
35. M.D. Rayer, 'Goals-Based Investing Saves Investors from Rash Decisions', SEI Wealth Network (2008).
36. C. Widger and D. Crosby, *Personal Benchmark: Integrating Behavioral Finance and Investment Management* (John Wiley & Sons, 2014), p. 158.
37. Ibid, p. 159.
38. Grenny, Patterson, Maxfield, McMillan and Switzler, *Influencer*, p. 89.
39. D. Gilbert, 'The surprising science of happiness', TED.com (February 2004).
40. N.N. Taleb, *Antifragile: Things That Gain from Disorder* (Random House, 2014), p. 150.
41. Montier, *Value Investing*, p. 11.
42. O'Shaughnessy, *What Works on Wall Street*, p. 11.
43. Graham and Zweig, *The Intelligent Investor*, p. 374.
44. C.H. Browne, *The Little Book of Value Investing* (John Wiley & Sons, 2006).
45. B.G. Malkiel, *A Random Walk Down Wall Street: The Time-Tested Strategy for Successful Investing* (W. W. Norton & Company, 11th edition, 2016), p. 167.
46. B. Portnoy, *The Investor's Paradox: The Power of Simplicity in a World of Overwhelming Choice* (St Martin's Press, 2014), p. 36.
47. P. Tetlock, 'Theory-Driven Reasoning about Plausible Pasts and Probable Futures in World Politics' in *Heuristics and Biases: The Psychology of Intuitive Judgment*, ed. T. Gilovich, D. Griffen, and D. Kahneman (Cambridge University Press, 2003).
48. Brown, *Backstage Wall Street*, p. 148.
49. J. Montier, *The Little Book of Behavioral Investing: How not to be your own worst enemy* (John Wiley & Sons, 2010), p. 78.

50. J. Greenblatt, *The Little Book That Still Beats the Market* (John Wiley & Sons, 2010), p. 30.
51. Ibid, p. 102.
52. Carlson, *Common Sense*, p. 52.
53. Graham and Zweig, *The Intelligent Investor*, p. 260.
54. A. Lincoln, 'Address before the Wisconsin State Agricultural Society', abrahamlincolnonline.org (September 30, 1859).
55. B. Kalchik, 'Top 10 Cases Of The SI Cover Jinx', rantsports.com (October 7, 2014).
56. P. Bernstein, *Against The Gods: The Remarkable Story of Risk* (John Wiley & Sons, 2008), p. 271.
57. O'Shaughnessy, *What Works on Wall Street*, p. 21.
58. Montier, *Value Investing*, p. 95.
59. Ibid, p. 205.
60. Carlson, *Common Sense*, p. 22
61. O'Shaughnessy, *What Works on Wall Street*, p. 28.
62. Ibid, p. 30.
63. Graham and Zweig, *The Intelligent Investor*, p. 16.
64. H. Marks, *The Most Important Thing: Uncommon Sense for the Thoughtful Investor* (Columbia University Press, 2011), p. 100.
65. Carlson, *Common Sense*, p. 126.
66. Ibid, p. 72.
67. Ibid p. 133.
68. Antonacci, *Dual Momentum*, p. 51.
69. Ibid, p. 56.
70. Ibid, p. 56.
71. Marks, *The Most Important Thing*, p. 36.
72. Graham and Zweig, *The Intelligent Investor*, p. 122.
73. M. Housel, '25 Important Things to Remember As an Investor', fool.com (March 28, 2013).
74. 'Historical Returns for US Stock/Bond Allocations, And Choosing Your Allocation', QVM Group (July 30, 2013).
75. G.B. Davies and A. de Servigny, *Behavioral Investment Management: An Efficient Alternative to Modern Portfolio Theory* (McGraw-Hill Education, 2012), p. 53.
76. C.T. Howard, *Behavioral Portfolio Management: How successful*

investors master their emotions and build superior portfolios (Harriman House, 2014), p. 20.

77. Marks, *The Most Important Thing*, p. 66.

78. Bernstein, *Against The Gods*, p. 197.

79. Taleb, *Antifragile*, p. 107.

第二部分

1. P. DePodesta, 'Draft Review – About Process', itmightbedangerous.blogspot.com (June 10, 2008).

2. W.R. Gray, J.R. Vogel and D.P. Foulke, *DIY Financial Advisor: A Simple Solution to Build and Protect Your Wealth* (John Wiley & Sons, 2015), p. 31.

3. O'Shaughnessy, *What Works on Wall Street*, p. 42.

4. Portnoy, *The Investor's Paradox*, p. 43.

5. www.investopedia.com/terms/p/passivemanagement.asp

6. W.R. Gray and T. Carlisle, *Quantitative Value: A Practitioner's Guide to Automating Intelligent Investment and Eliminating Behavioral Errors* (John Wiley & Sons, 2012), p. 9.

7. A.M. Soe, 'SPIVA U.S. Scorecard', S&P Dow Jones Indices (2014).

8. Portnoy, *The Investor's Paradox*, pp. 54-55.

9. R.D. Arnott, J.C. Hsu, J.M. West, *The Fundamental Index: A Better Way to Invest* (John Wiley & Sons, 2008), p. 72.

10. A. Task, 'Pride cometh before the fall: Indexing edition', aarontask.tumblr.com (August 29, 2014).

11. J. Felder, 'Are Passive Investors Taking On Far More Risk Than They Realize?', thefelderreport.com (February 3, 2016).

12. Taleb, *Antifragile*, p. 5.

13. Arnott, Hsu, West, *The Fundamental Index*, p. 72.

14. R.D. Arnott, A.L. Berkin and J. Ye, 'How Well Have Taxable Investors Been Served in the 1980's and 1990's?', First Quadrant (2000).

15. B.G. Malkiel and C. Ellis, *The Elements of Investing: Easy Lessons for Every Investor* (John Wiley & Sons, 2013), p. 33.

16. Portnoy, *The Investor's Paradox*, p. 33.

17. J. Zweig, 'Behavioral Finance: What Good Is It, Anyway?', jasonzweig.com (June 20, 2015).

18. Lindstrom, *Buyology*, p. 158.

19. J. Montier, 'Painting by numbers: an ode to quant', DrKW Macro Research (August 2, 2006), p. 3.
20. Gray and Carlisle, *Quantitative Value*, p. 27.
21. Ibid.
22. M.J. Mauboussin, *Think Twice: Harnessing the Power of Counterintuition* (Harvard Business Review Press, 2012), p. 44.
23. Carlson, *Common Sense*, p. 93.
24. Gray, Vogel and Foulke, *DIY Financial Advisor*, p. 23.
25. Mauboussin, *Think Twice*, p. 45.
26. N.N. Taleb, *Fooled By Randomness: The Hidden Role of Chance in Life and in the Markets* (Random House, 2005), p. xlvii.
27. T. Dinkelman, J.A. Levinsohn and R. Majelantle, 'When Knowledge Is Not Enough: HIV/AIDS Information and Risk Behavior in Botswana', NBER Working paper (2006).
28. B. Schwartz, *The Paradox of Choice: Why More Is Less* (Harper Perennial, 2005), p. 113.
29. Derman, *Models Behaving Badly*, p. 140.
30. Taleb, *Antifragile*, p. 190.
31. Schwartz, *The Paradox of Choice*, p. 75.
32. Antonacci, *Dual Momentum*, p. 34.
33. Graham and Zweig, *The Intelligent Investor*, pp. 39-40.
34. Silver, *The Signal and the Noise*, p. 185.
35. Carlson, *Common Sense*, p. xii.
36. Graham and Zweig, *The Intelligent Investor*, p. 31.
37. Marks, *The Most Important Thing*, p. 7.
38. R. Hargreaves, 'Seth Klarman: Now's Not The Time To Give Up On Value', valuewalk.com (January 26, 2016).
39. M. Cremers and A. Petajisto, 'How Active is Your Fund Manager? A New Measure That Predicts Performance' (SSRN, March 31, 2009).
40. D. Yanofsky, 'How you could have turned $1,000 into billions of dollars by perfectly trading the S&P 500 this year' qz.com (December 16, 2013).
41. Carlson, *Common Sense*, p. 66.
42. Malkiel, *Random Walk*, p. 161.
43. B. Casselman, 'Worried About The Stock Market? Whatever You Do, Don't Sell.', FiveThirtyEight.com (August 24, 2015).
44. Malkiel, *Random Walk*, p. 186.
45. M.T. Faber, 'A Quantitative Approach to Tactical Asset Allocation'

(SSRN, February 1, 2013).

46. J. Felder, 'How To Time The Market Like Warren Buffett: Part 1', thefelderreport.com (August 7, 2014).

47. J. Felder, 'Don't Buy The Buy-And-Hold Line Of BS', thefelderreport.com (August 5, 2014).

48. 'Trend Following In Financial Markets: A Comprehensive Backtest', philosophicaleconomics.com (January 2, 2016).

49. C.S. Asness, A. Ilmanen and T. Maloney, 'Market Timing Is Back In The Hunt For Investors', institutionalinvestor.com (November 11, 2015).

50. C.T. Howard, *The New Value Investing: How to Apply Behavioral Finance to Stock Valuation Techniques and Build a Winning Portfolio* (Harriman House, 2015), p. 9.

51. J.L. Evans and S.H. Archer, 'Diversification and the Reduction of Dispersion: An Empirical Analysis', *The Journal of Finance* 23:5 (December 1968).

52. J. Greenblatt, *You Can Be a Stock Market Genius: Uncover the Secret Hiding Places of Stock Market Profits* (Touchstone, 1999), p. 9.

53. Graham and Zweig, *The Intelligent Investor*, p. 114.

54. Howard, *New Value Investing*, p. 95.

55. Gray and Carlisle, *Quantitative Value*.

56. Montier, *Value Investing*, p. 37.

57. C.H. Browne, 'Value Investing and Behavioral Finance', presentation to Columbia Business School (November 15, 2000).

58. Widger and Crosby, *Personal Benchmark*, p. 232.

59. M.A. Jones, *Women of The Street: Why Female Money Managers Generate Higher Returns (and How You Can Too)* (Palgrave Macmillan, 2015), p. 278.

60. R.B. Cohen, C. Polk and B. Silli, 'Best Ideas', SSRN.com (March 15, 2010).

61. Silver, *Signal and the Noise*, p. 237.

62. T. Griffin, 'A Dozen Things I've Learned from Marty Whitman/Third Avenue about Investing', 25iq.com (December 15, 2013).

63. Lofton, *Warren Buffett Invests Like a Girl*, p. 86.

64. Gray and Carlisle, *Quantitative Value*, p. 16.

65. B. Shiv, 'Thinking Money – Horizontal Wine Tasting', YouTube.com (October 14, 2014).

66. Silver, *Signal and the Noise*, p. 365.

67. R.J. Connors, *Warren Buffett on Business: Principles from the Sage of Omaha* (Wiley, 2009), p. 159.
68. Marks, *The Most Important Thing*, p. 33.
69. Ibid, pp. 46-47.
70. C.H. Browne, W.H. Browne, J.D. Spears, T.H. Shrager and R.Q. Wyckoff, Jr., 'What Has Worked In Investing: Studies of Investment Approaches and Characteristics Associated with Exceptional Returns' (Tweedy, Browne Company, revised edition, 2009).
71. Gray and Carlisle, *Quantitative Value*, p. 220.
72. J. Lakonishok, R.W. Vishny and A. Shleifer, 'Contrarian Investment, Extrapolation and Risk' (Working paper, 1993).
73. Montier, *Value Investing*, p. 75.
74. Lakonishok, Vishny and Shleifer, 'Contrarian Investment'.
75. R. Ibbotson, 'Decile Portfolios of the NYSE, 1967-1984', Yale School of Management Working Paper (1986).
76. E.F. Fama and K.R. French, 'The Cross-Section of Expected Stock Returns', *Journal of Finance* 47:2 (1992).
77. O'Shaughnessy, *What Works on Wall Street*, p. 85.
78. Lofton, *Warren Buffett Invests Like a Girl*, p. 71.
79. O'Shaughnessy, *What Works on Wall Street*, p. 127.
80. Montier, *Little Book of Behavioral Investing*.
81. Browne, 'What Has Worked In Investing' (revised edition, 2009).
82. en.wikipedia.org/wiki/Blockbuster_LLC.
83. M. Graser, 'Epic Fail: How Blockbuster Could Have Owned Netflix', *Variety* (November 12, 2013).
84. Gray and Carlisle, *Quantitative Value*, p. 36.
85. Lofton, *Warren Buffett Invests Like a Girl*, p. 56.
86. T. Reed, 'Buffett Decries Airline Investing Even Though at Worst He Broke Even', *Forbes* (May 13, 2013).
87. Malkiel, *Random Walk*, p. 97.
88. Graham and Zweig, *The Intelligent Investor*, p. 304.
89. J.D. Piotroski, 'Value Investing: The Use of Historical Financial Statement Information to Separate Winners from Losers', University of Chicago Graduate School of Business (2002).
90. Ibid.
91. en.wikipedia.org/wiki/Joel_Greenblatt
92. S. Max, 'Writing a Bigger Book', *Barron's* (August 23, 2014).

93. 'Magic Formula Investing – In 3 Steps', theintelligentinvestor.com (June 11, 2010).
94. S. Greenspan, 'Why We Keep Falling for Financial Scams', *Wall Street Journal* (January 3, 2009).
95. Carlson, *Common Sense*, p. xiii.
96. Marks, *The Most Important Thing*.
97. Steenbarger, *Psychology of Trading*, p. 61.
98. J. Tierney, 'At Airports, a Misplaced Faith in Body Language', *New York Times* (March 23, 2014).
99. C.F. Bond, Jr., and B.M. DePaulo, 'Accuracy of Deception Judgments', *Personality and Social Psychology Review* 10:3 (2006).
100. Tierney, 'At Airports'.
101. J. Montier, 'Seven Sins of Fund Management: A behavioural critique', DrKW Macro Research (November 2005).
102. S. Finkelstein, *Why Smart Executives Fail: And What You Can Learn from Their Mistakes* (Portfolio, 2004).
103. www.cfosurvey.org/about.html
104. J.R. Graham and C.R. Harvey, 'Expectations, optimism and overconfidence' (2005).
105. Statman, *What Investors Really Want*, p. 8.
106. D. Giamouridis, M. Liodakis and A. Moniz, 'Some Insiders are Indeed Smart Investors' (SSRN, July 29, 2008).
107. Browne, 'What Has Worked In Investing' (revised edition, 2009).
108. 'Warren Buffett on Share Repurchases', *Value Investing World* (September 13, 2012).
109. C.J. Loomis, 'Beating the market by buying back stock', *Fortune* (November 21, 2012).
110. Gray and Carlisle, *Quantitative Value*, p. 168.
111. O'Shaughnessy, *What Works on Wall Street*, p. 189.
112. Carlson, *Common Sense*, p. 84.
113. C.H. Browne, W.H. Browne, J.D. Spears, T.H. Shrager and R.Q. Wyckoff, Jr., 'What Has Worked In Investing: Studies of Investment Approaches and Characteristics Associated with Exceptional Returns' (Tweedy, Browne Company, 1992).
114. Ibid.
115. Antonacci, *Dual Momentum*, p. 13.
116. Newfound Research, 'Two Centuries of Momentum' (www.

thinknewfound.com/foundational-series/two-centuries-of-momentum).
117. Ibid.
118. Antonacci, *Dual Momentum*, p. 15.
119. Ibid, p. 16.
120. Newfound Research, 'Two Centuries of Momentum'.
121. W.E. Buffett, 'The Superinvestors of Graham-And-Doddsville' (1984).
122. N. Jegadeesh and S. Titman 'Returns to Buying Winners and Selling Losers: Implications for Stock Market Efficiency', *Journal of Finance* 48:1 (1993).
123. C. Geczy and M. Samonov, 'Two Centuries of Price Return Momentum' (SSRN, 2016).
124. B. Chabot, E. Ghysels and R. Jagannathan, 'Momentum Cycles and Limits to Arbitrage—Evidence from Victorian England and Post-Depression US Stock Markets' (NBER working paper, 2009).
125. C.S. Asness, A. Frazzini, R. Israel and T.J. Moskowitz, 'Fact, Fiction and Momentum Investing' (SSRN, 2014).
126. O'Shaughnessy, *What Works on Wall Street*, p. 408.
127. Ibid, p. 410.
128. Ibid, p. 419.
129. C.S. Asness, 'The Interaction of Value and Momentum Strategies', *Financial Analysts Journal* 53:2 (1997).

尾声

1. E. Derman, *Models.Behaving.Badly.: Why Confusing Illusion with Reality Can Lead to Disaster, on Wall Street and in Life* (Free Press, 2012), p. 48.
2. Ibid.
3. Gray and Carlisle, *Quantitative Value*, p. 29.
4. Graham and Zweig, *The Intelligent Investor*, p. 380.
5. J.M. Keynes, *The General Theory Of Employment, Interest, And Money* (CreateSpace, 2011), p. 93.
6. Zweig, 'Behavioral Finance: What Good Is It, Anyway?'.

推荐阅读

序号	中文书名	定价
1	股市趋势技术分析（原书第11版）	198
2	沃伦·巴菲特：终极金钱心智	79
3	超越巴菲特的伯克希尔：股神企业帝国的过去与未来	119
4	不为人知的金融怪杰	108
5	比尔·米勒投资之道	80
6	巴菲特的嘉年华：伯克希尔股东大会的故事	79
7	巴菲特之道（原书第3版）（典藏版）	79
8	短线交易秘诀（典藏版）	80
9	巴菲特的伯克希尔崛起：从1亿到10亿美金的历程	79
10	巴菲特的投资组合（典藏版）	59
11	短线狙击手：高胜率短线交易秘诀	79
12	格雷厄姆成长股投资策略	69
13	行为投资原则	69
14	趋势跟踪（原书第5版）	159
15	格雷厄姆精选集：演说、文章及纽约金融学院讲义实录	69
16	与天为敌：一部人类风险探索史（典藏版）	89
17	漫步华尔街（原书第13版）	99
18	大钱细思：优秀投资者如何思考和决断	89
19	投资策略实战分析（原书第4版·典藏版）	159
20	巴菲特的第一桶金	79
21	成长股获利之道	89
22	交易心理分析2.0：从交易训练到流程设计	99
23	金融交易圣经II：交易心智修炼	49
24	经典技术分析（原书第3版）（下）	89
25	经典技术分析（原书第3版）（上）	89
26	大熊市启示录：百年金融史中的超级恐慌与机会（原书第4版）	80
27	敢于梦想：Tiger21创始人写给创业者的40堂必修课	79
28	行为金融与投资心理学（原书第7版）	79
29	蜡烛图方法：从入门到精通（原书第2版）	60
30	期货狙击手：交易赢家的21周操盘手记	80
31	投资交易心理分析（典藏版）	69
32	有效资产管理（典藏版）	59
33	客户的游艇在哪里：华尔街奇谈（典藏版）	39
34	跨市场交易策略（典藏版）	69
35	对冲基金怪杰（典藏版）	80
36	专业投机原理（典藏版）	99
37	价值投资的秘密：小投资者战胜基金经理的长线方法	49
38	投资思想史（典藏版）	99
39	金融交易圣经：发现你的赚钱天才	69
40	证券混沌操作法：股票、期货及外汇交易的低风险获利指南（典藏版）	59
41	通向成功的交易心理学	79

推荐阅读

序号	中文书名	定价
42	击败庄家：21点的有利策略	59
43	查理·芒格的智慧：投资的格栅理论（原书第2版·纪念版）	79
44	彼得·林奇的成功投资（典藏版）	80
45	彼得·林奇教你理财（典藏版）	79
46	战胜华尔街(典藏版)	80
47	投资的原则	69
48	股票投资的24堂必修课（典藏版）	45
49	蜡烛图精解：股票和期货交易的永恒技术（典藏版）	88
50	在股市大崩溃前抛出的人：巴鲁克自传（典藏版）	69
51	约翰·聂夫的成功投资（典藏版）	69
52	投资者的未来（典藏版）	80
53	沃伦·巴菲特如是说	59
54	笑傲股市（原书第4版.典藏版）	99
55	金钱传奇：科斯托拉尼的投资哲学	69
56	证券投资课	59
57	巴菲特致股东的信：投资者和公司高管教程（原书第4版）	128
58	金融怪杰：华尔街的顶级交易员（典藏版）	80
59	日本蜡烛图技术新解（典藏版）	60
60	市场真相：看不见的手与脱缰的马	69
61	积极型资产配置指南：经济周期分析与六阶段投资时钟	69
62	麦克米伦谈期权（原书第2版）	120
63	短线大师：斯坦哈特回忆录	79
64	日本蜡烛图交易技术分析	129
65	赌神数学家：战胜拉斯维加斯和金融市场的财富公式	59
66	华尔街之舞：图解金融市场的周期与趋势	69
67	哈利·布朗的永久投资组合：无惧市场波动的不败投资法	69
68	憨夺型投资者	59
69	高胜算操盘：成功交易员完全教程	69
70	以交易为生（原书第2版）	99
71	证券投资心理学	59
72	技术分析与股市盈利预测：技术分析科学之父沙巴克经典教程	80
73	机械式交易系统：原理、构建与实战	80
74	交易择时技术分析：RSI、波浪理论、斐波纳契预测及复合指标的综合运用（原书第2版）	59
75	交易圣经	89
76	证券投机的艺术	59
77	择时与选股	45
78	技术分析（原书第5版）	100
79	缺口技术分析：让缺口变为股票的盈利	59
80	预期投资：未来投资机会分析与估值方法	79
81	超级强势股：如何投资小盘价值成长股（重译典藏版）	79
82	实证技术分析	75
83	期权投资策略（原书第5版）	169
84	赢得输家的游戏：精英投资者如何击败市场（原书第6版）	45
85	走进我的交易室	55
86	黄金屋：宏观对冲基金顶尖交易者的掘金之道（增订版）	69
87	马丁·惠特曼的价值投资方法：回归基本面	49
88	期权入门与精通：投机获利与风险管理（原书第3版）	89
89	以交易为生II：卖出的艺术（珍藏版）	129
90	逆向投资策略	59
91	向格雷厄姆学思考，向巴菲特学投资	38
92	向最伟大的股票作手学习	36
93	超级金钱（珍藏版）	79
94	股市心理博弈（珍藏版）	78
95	通向财务自由之路（珍藏版）	89

巴芒投资学

分类	译者	书号	书名	定价
坎宁安作品	王冠亚	978-7-111-73935-7	超越巴菲特的伯克希尔：股神企业帝国的过去与未来	119元
	杨天南	978-7-111-59210-5	巴菲特致股东的信：投资者和公司高管教程（原书第4版）	128元
	王冠亚	978-7-111-67124-4	巴菲特的嘉年华：伯克希尔股东大会的故事	79元
哈格斯特朗作品	杨天南	978-7-111-74053-7	沃伦·巴菲特：终极金钱心智	79元
	杨天南	978-7-111-66880-0	巴菲特之道（原书第3版）	79元
	杨天南	978-7-111-66445-1	巴菲特的投资组合（典藏版）	59元
	郑磊	978-7-111-74897-1	查理·芒格的智慧：投资的格栅理论（原书第2版·纪念版）	79元
巴菲特投资案例集	杨天南	978-7-111-64043-1	巴菲特的第一桶金	79元
	杨天南	978-7-111-74154-1	巴菲特的伯克希尔崛起：从1亿到10亿美金的历程	79元